U0934649

中国旅游发展年度报告书系
Annual Development Report of China's Tourism

中国旅行服务业发展报告2020

——契约引领·人际分发·供应链变革

CHINA TRAVEL SERVICE INDUSTRY DEVELOPMENT REPORT 2020

中国旅游研究院　编著

中国旅游出版社

责任编辑：张　旭
责任印制：冯冬青
封面设计：旅教文化

图书在版编目（CIP）数据

中国旅行服务业发展报告. 2020 ：契约引领·人际分发·供应链变革 / 中国旅游研究院编著. -- 北京 ：中国旅游出版社，2021.4

ISBN 978-7-5032-6696-6

Ⅰ. ①中… Ⅱ. ①中… Ⅲ. ①旅游服务－产业发展－研究报告－中国－2020 Ⅳ. ①F592.6

中国版本图书馆CIP数据核字（2021）第058096号

书　　名：中国旅行服务业发展报告. 2020：契约引领 · 人际分发 · 供应链变革

作　　者：中国旅游研究院　编著
出版发行：中国旅游出版社
（北京静安东里6号　邮编：100028）
http://www.cttp.net.cn　E-mail:cttp@mct.gov.cn
营销中心电话：010-57377108，010-57377109
读者服务部电话：010-57377151
排　　版：北京旅教文化传播有限公司
经　　销：全国各地新华书店
印　　刷：北京工商事务印刷有限公司
版　　次：2021年4月第1版　2021年4月第1次印刷
开　　本：787毫米×1092毫米　1/16
印　　张：4.5
字　　数：74千
定　　价：66.00元
ISBN　978-7-5032-6696-6

《中国旅行服务业发展报告2020》
编委会

《中国旅行服务业发展报告2020》
编写组

主　　编：张　杨　中国旅游研究院产业研究所副研究员

执行主编：柴　焰　中国旅游研究院访问学者

侯平平　中国旅游研究院博士后

编写组成员：杨宏浩　赵一静　刘祥艳　韩晋芳

序　言

2020年春节期间暴发的新型冠状病毒肺炎（COVID-19）疫情对旅游经济造成了前所未有的影响，对有组织的旅游活动和旅行社、OTA为代表的旅行服务商带来巨大挑战。旅游企业和同志们所承受的压力，无论是奉命而为的专题调研，还是互动闲聊，我都感同身受，常常夜不成寐。在中央的统一部署下，文化和旅游部门、旅游战线勠力同心，积极开展企业扶持、行业互助和创新自救。从宏观数据来看，旅游行业在过去半年时间里没有因为有组织的旅游活动而让疫情传播和扩散，没有发生大面积的企业破产倒闭，没有发生大面积的员工失业，没有发生重大旅游安全事故和涉旅投诉，全国游客满意度保持85分以上的高位区间。全行业践行了"游客至上，服务至诚"的核心价值观，树立了令行禁止的行业形象，用实际行动让党和国家放心，让人民满意。如果文化和旅游部没有在空前的压力面前采取及时果断的措施，这半年出现了游客和员工在有组织旅游活动中感染和扩散疫情的情况，那么对于行业形象将是致命的打击，复工复产也会变得遥遥无期。事实证明，我们付出的代价是值得的，这为疫情防控常态化背景下的旅游企业复工复产，为文化和旅游融合进程中的高质量发展，为国家谋划"十四五"期间的小康旅游发展奠定了坚实的基础，我要向同志们相向而行的努力致以深深的敬意！

恢复跨省旅游和"机票＋酒店"业务，是党中央、国务院统筹推进新型冠状病毒肺炎疫情防控和经济社会发展的决策部署。事实上，从1月24日文化和旅游部办公厅发出"停组团、关景区、战疫情"的明电时起，政府就一直在倾听业界的声音，也一直在关注业界的诉求，时刻牵挂着旅游企业所承受的巨大压力和艰难困境，想方设法为旅游企业纾困解难。2月5日，文化和旅游部决定向旅行社暂退80%的质量保证金。一个月后，文化和旅游部办公厅发出《关于积极应对疫情影响保持导游队伍稳定相关工作事项的通知》，强化导游的劳动权益保护、开展线上免费培训活动、完善综合服务保障、不断加强关爱引导。3

月 14 日发出通知，有序恢复各地省内旅游和“机票 + 酒店”业务，旅游业进入“防控型复工”新阶段，旅行服务商开始在周边游、乡村游、都市休闲游领域创新发力。在密切关注市场数据，全力做好清明节、劳动节和端午节假日旅游工作的同时，文化和旅游部第一时间完成了“恢复跨省旅游和‘机票 + 酒店’业务”的政策储备。由于个别热点景区在清明节期间发生了游客瞬间聚集的情况，有组织的旅游活动引发的疫情传播和扩散的风险加剧，6 月北京新发地批发市场又引发了新一轮的疫情，导致业界普遍关注的“恢复跨省旅游”一再后延。从 7 月初开始，我们判断恢复跨省旅游和“机票 + 酒店”业务的条件已经具备，时机已经成熟，经中央批准后，文化和旅游部办公厅发出明电，储备政策正式转正。

旅游战疫还没有取得全面胜利，还不到全面总结的时候，但是为了更好地前行，也想和大家交换一些想法。任何时候，都要听从中央的统一部署和工作要求，与政府主管部门相向而行，时刻把人民的生命安全和身体健康放在第一位。文化和旅游融合以来，党和政府对旅游业的战略摆位明显提高，而不是削弱了。这体现在《中华人民共和国旅游法》（以下简称《旅游法》）对国民旅游权利的保障上，体现在文化和旅游部门“三定规定”对旅游市场的促进上，体现在“宜融则融、能融尽融；以文塑旅，以旅彰文”的工作思路上，也体现在疫情期间对旅游行业声音的倾听和扶持政策的落地上。只有人民的旅游权利得到充分的保障，游客满意了，产业发展和目的地开放才有现实基础。这次疫情期间的旅游市场规模、产业发展形势，中央“普惠的而非差别的，市场的而非计划的”的政策导向，与 2003 年的“非典”相比，不可同日而语。无论形势的研判，还是政策设计，都不能做简单的类比，更不能从局部的，甚至是个体感受去推断全局。

任何时候都要保持对旅游市场的信心和企业创新发展的韧劲，要看到危机中孕育机遇，于变局中开新局。过去半年，我听到太多哭惨、卖穷和埋怨的声音，有段时间似乎不说旅行社多么悲惨就是政治不正确，就是没有“为民请命”。在影响经济社会全局的公共卫生事件面前，如果比惨和吐槽有用的话，我带着博士团陪着大家一起哭好了。面对疫情，旅游行业正确的打开方式应当是直面困难和挑战，团结一致，共克时艰。14 年抗战，那么艰难，中华民族不是也挺过来了吗？陈光甫先生创办的我国第一家旅行社在抗战期间面临的困难，不是比我们今天大得多吗？不也是和国家共进退，终成今天中国旅游集团的旅行服务基因吗？过去半年，我也看到了企业创新前行的动能：携程的梁建章博士等一批行业精英化身为“直播带货达人”；春秋北京的杨洋总经理和他的团队全新布局周边游；鸿鹄逸游的郭明总裁坚守高端定制的服务品质，并在多次公开演讲中为行业带来满满的正能量；凯撒的股票连续十个涨停；滴滴、拼多多、京东在疫情期间战略进入旅游业；爱驾传媒的李克琦先生继续打造他的国民公路318国道，带动“车旅协同”的新商机。还有更多由于时间关系无法一一列举的旅游企业的研发创新，都给我带来了满满的信心。

任何时候都要把游客对安全和品质的需求置于企业文化的核心地位，坚持做阳光下的生意。历史已经证明，并将继续证明：先有游客，才有旅行社；是旅行社需要游客，而游客则不一定需要旅行社。1841年托马斯·库克的那次火车禁酒之旅，才正式拉开了旅行社的序幕，并奠定了迄今为止的“观光、团队、包价和导游”的传统旅行社运营模式。而人类的旅游活动呢？很久很久以前就有了，只不过是没有通过旅行社去实现罢了。如今我国每年60亿人次的出游，无论是国内旅游还是入出境旅游，旅行社组织和接待的比例都已经很小很小了。但是游客对食、住、行、游、购、娱，以及研学、商务、会展、医疗、探亲访友的旅行服务需求一直都是存在的，而且是不断上升的。否则我们无法解释携程、去哪儿、马蜂窝、美团、京东等新型旅行服务商的成长。随着大数据、人工智能、区块链等当代科技的广泛应用，以及追求个性、自由与品质的年轻人成为旅游消费的主力群体，相信还有更多的去中介化的业态被创造出来。正是从这个意义上讲，游客需要的是旅行服务，而不是旅行社，尤其不是传统的产品、服务和业态。

2020年已经过半，我对全年旅游经济运行继续保持相对乐观的预期，大概率会走出W形，甚至U形曲线。想提醒大家的是，旅游市场的恢复是一个渐进的过程，更是需要旅游企业持续创新的过程。不可能政府发个文件，明天线上平台和线下的门市部就门庭若市了。整个疫情期间，我最担心的不是跨省游业务什么时候放开，而是放开后，游客还跟不跟旅行社走。要是真的出现这种情况的话，大家连个吐槽的对象都没有了。

希望旅游企业重点布局跨省旅游业务的同时，继续关注省内跨市、跨县区游，包括周边游和本地休闲市场。通过今年春节、清明节、劳动节和端午节四个假日旅游市场的数据，之前的一些理论观点得到更加明显的验证：旅游需要美丽风景，更需要主客共享的美好生活。疫情期间，传统旅行社组织的旅游活动停止了，可是旅游活动并没有停止。每个假日旅游的第二天，我都会以中国旅游研究院负责人答记者问的形式对市场数据进行解读，发在研究院的两微一网上，有兴趣的同志可以去看看。核心的观点就是游客更愿意以自驾的方式和家人一起，去欣赏近程的风景，去体验日常生活的美好。这里面有没有商机？肯定是有的，而且很多。本地游由于信息不对称，游客规模相对较小，主要靠产品和服务品质去拓展市场，做好了，企业的竞争力增强了，我们的职业尊严也就有了保证。从厦门建发、上海春秋总结的经验来看，他们不仅把握了市场的机会，也锻炼了队伍，赢得了口碑。自驾游同样需要目的地信息，还需要加油、停车、保险、救援、社交等新需求，现在基本上是汽车、登山、野外等俱乐部在满足客户需求。旅行社完全可以通过渠道合作、联合研发和专业服务等模式介入这个全新的领域。如果忽视本地游和周边游市场，单纯寄希望于跨省游和未来的出境旅游，行业为疫情所付出的代价就太大了，复苏的希望很可能就落空了，这也不是政策的本意。

希望旅游企业加强科技应用和文化创意，在转型升级中构建自己的核心竞争力。这个问题在疫情之前就已经存在了，以后会更加明显。如果我们还是走传统线路的不合理低价销售模式，靠游客的自费项目和购物返佣，甚至和商家串通搞强迫消费和欺诈消费的话，市场还是会无情地淘汰我们的。不要觉得传统的旅行社退出市场，游客就没法旅游，行业主管部门就没事干了。随着美丽中国旅游梦正逐步成为现实，社会主义市场机制越来越完善，旧的模式如果不与时俱进的话，就一定有新的模式来替代。在旅游领域，没有谁是天然的“嫡系”，也没有谁是一成不变的“主力”，而是如李克强总理说的那样：谁能干就让谁干。政府的首要职责是保障人民的旅游权利，其次是推进旅游业高质量发展。对此，我们一定要有清醒的认识。全体旅游人团结起来，面向未来，强化创新，抓住难得的政策窗口期，共同推进旅游产业振兴和高质量发展。

戴斌

中国旅游研究院院长

目录

CONTENTS

第一章

复盘2020：疫情下的旅行服务业

Chapter 1

An Overall Review of 2020: the Whole Travel Service Industry under COVID-19

2020 年是能够载入旅游发展史的一年，突发的新型冠状病毒肺炎疫情带来的不只是巨大的经济损失，更是对旅行服务业发展走向与竞争格局的深刻影响。疫情暴发后，旅行服务商全面调整工作重心，从繁荣市场、保障供给，转向了停组团、控疫情。在复产复业阶段，旅行服务商开展多种形式的自救，但不同的市场主体有不同的表现。从产品创新到服务提升，从流量分散化到渠道多元化，旅行服务业正面临更大的挑战，也面临着新的发展机遇。

一、疫情对旅行服务业的影响

突发的疫情为旅行服务业按下暂停键，在多方的共同努力下，市场需求经历了从停滞到逐步恢复的过程，消费信心不断修复，疫后消费行为表现出与疫前的差异和特点，供给侧正不断调整以更好地匹配市场需求（图 1）。

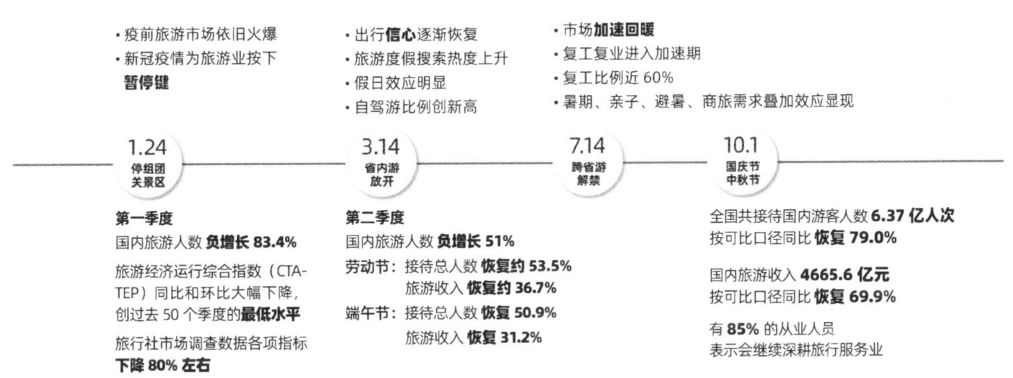

图 1　疫情冲击下的旅游市场需求恢复阶段

1. 疫情暴发初期，旅行服务商退订止损

2020 年春节期间暴发的新型冠状病毒肺炎（COVID-19）疫情对有组织的旅游活动和以旅行社、OTA 为代表的旅行服务商带来巨大挑战。1 月 24 日，文化和旅游部办公厅印发紧急通知，要求全国旅行社及在线旅游企业暂停经营团队旅游及“机票 + 酒店”旅游产品；1 月 27 日后，包括出境游在内的所有团队游及“机票 + 酒店”服务也需全面暂停。全国的旅行服务商服从国家大局，自觉遵守暂停经营的有关规定，全面调整工作重心，从繁荣市场、保障供给，转向了停组团、控疫情。本次疫情对旅行社和在线旅游平台的影响巨大。一是文化和旅游部果断停掉了组团业务，相当于主营业务基本停摆，处于无收入状态，

但仍需要承担房租、人工等成本，还有企业之间的应收账款风险；二是很多正在执行中的团队涉及诸多安全保障措施，产生大量额外费用；三是行业企业面临的投诉很多，仍有大量游客对退订条款和服务有误解。

携程、飞猪等平台商率先推出"无损退订"，凯撒、众信、春秋、广之旅等旅行商也为保障游客的合法权益做了大量的工作。1 月 23 日，携程、飞猪、马蜂窝等多家在线旅行服务商先后宣布，酒店、机票、火车票等，均可免费办理退改签业务。携程启动的重大灾害保障金的金额由 1 亿元提升至 2 亿元，同程集团启动危机应急保障金 2 亿元，驴妈妈启动 1 亿元重大灾害保障基金。飞猪平台三度发布退改保障政策，在 1 月 21 日推出首个保障公告，23 日再推出 2 月 8 日前出发的全线产品免费取消，包括跟团游、自由行、酒店、门票、用车、境外玩乐、邮轮、境外通信订单，不论国内国外、不论产品类型；2 月 2 日，免费退订的保障继续扩大至全球酒店。途牛对自 1 月 24 日至 2 月 8 日（含）出境目的地机票 + 当地打包行程的目的地集结打包产品（持个人旅游签证），提供无损退订保障，损失由途牛承担。

总体来说，对于中国境内（含港澳台）的跟团游、自由行、玩乐、用车、定制游、景区、酒店等产品订单，大部分旅行服务商可无损全退。在出境跟团游方面，春秋旅游、同程集团、途牛等在扣除已产生的签证费、生效可理赔的保险费等费用后，退还其他费用，相关损失由企业承担。出境自由行方面，春秋旅游、携程、驴妈妈等根据资源方、航空公司及酒店政策尽力为客户挽损。邮轮旅游产品方面，春秋旅游、携程、驴妈妈等根据邮轮公司、航空公司及其他资源方的政策尽力为客户挽损，若资源方可无损全退，旅游平台即无损全退。在机票退订上，旅行社企业和在线旅游企业都是跟随具体的航司政策（尤其是国外航司），尽力保障游客权益。而在度假业务领域，旅行社企业则积极动员组织供应商，在获取其支持的前提下逐步升级退改政策，挽回顾客损失，基本实现无损退订。

2. 省内游恢复，行业发展信心开始聚集

3 月 14 日，文化和旅游部发出通知，有序恢复各地省内旅游和"机票 + 酒店"业务，旅游业进入"防控型复工"新阶段。3 月 14 日，上海市文化和旅游局发布《关于本市旅游企业恢复部分经营活动的通知》，随后新疆、上海、四川等地陆续发布恢复旅游企业部分经营活动的通知，旅行服务商开始推出省内跟团游、一日游等周边游产品，相关地区的旅行社门店陆续开业迎客。截至 3 月

18 日，本地游市场启动，春秋、锦江、携程等旅行服务商推出一批市内游线路；旅行服务商开始在周边游、乡村游、都市休闲游领域发力，对疫情过后旅游市场的恢复不断修复信心。去哪儿网提供的数据显示，3 月 21 日、22 日周末期间，一日游、省内周边游等短线旅游产品热度开始复苏。携程、飞猪、马蜂窝等在线旅行服务商精心准备，设计了贴近现实需求的省内游、周边游等短途游产品，并且附加各种促销折扣刺激消费。仅 3 月 28 日一天时间，携程就有陕西、浙江、云南等多个省的 100 个旅游团组织启动了省内跟团游活动，揽收 3000 名游客。

清明节假期三天，全国国内旅游接待总人数和旅游收入同比分别恢复了 38.6% 和 19.3%，省内近郊游、城市周边游、乡村生态游、短线自驾游成为假期旅游热点，游客个性化、品质化、体验化的需求比较旺盛。上海、江苏、浙江等地的旅行社企业加大产品开发力度，深入挖掘当地历史文化和旅游资源，推出“本地人游本地”等旅游产品，通过这种旅游方式，不少人深度体验了当地深厚的历史文化，感知了家乡的新变化。中旅上海公司则以精品市内旅游产品为主打，以郊区旅游、周边地区旅游、红色旅游产品为特色，陆续开展密集度低、更私密的产品；如在精品市内旅游产品方面，主推“源来上海”，以一段马路、两个伴、三个故事、一杯茶为理念的上海一日游产品，并同步发力其他特色产品。江苏国旅公司开发了江浙皖周边产品短线、一日 / 二日游、碎片化产品，并根据游客需求，加大休闲度假亲子类产品类型的研发。

中国旅游研究院（文化和旅游部数据中心）发布的《2020 年清明节假日旅游市场研究报告》显示，2020 年清明假期国内旅游接待总人数 4325.4 万人次，实现旅游收入 82.6 亿元。随着国内疫情逐步趋稳，4000 多万人在清明假期走出家门，用脚步传递了大家出游的意愿，国民旅游消费信心开始恢复。清明小长假全国旅游市场呈现出来的情况，向业界传递了一些比较清晰的市场信号——旅游越发成为老百姓日常生活的刚性需求。在疫情防控仍然较为严峻的关键时刻，这么多人依然选择出行，在很大程度上说明旅游的需求是强烈的。尤其是从春节到清明节，居家隔离、在线办公、减少聚集等弱化、减少外部接触的生活节奏已经持续两个多月，外出透透气成了多数人的强烈愿望。从这一点来看，恰恰说明旅游消费已经融入大众生活，成为日常生活的重要组成部分，是大众享受美好生活的刚性需求。

3. 疫情波动反弹，业界情绪也随之波动

“五一”小长假结束后，旅行服务行业依然处于“低气压”之下。一般来说，旅行社的收入构成中，出境游占比为50%，跨省游占比为40%，短途游仅占10%。过去半年，旅行社只能开展短途业务，收入只有原来的1/10的状况已经持续了半年，很多旅行社面临倒闭。旅行社企业对于恢复跨省游的期盼，也越来越急切，尤其是盼望两会之后能够有条件地恢复跨省游经营活动，给行业一些信心。本来随着国内疫情局势进一步好转，开放跨省跟团游的趋势开始明朗，但北京疫情的反复，又让缓慢复苏中的旅行社业务再添新变数。6月16日起，北京市应急响应级别由三级调至二级。新发地的疫情牵动了全国，引起了大家格外的关注，突然暴发的疫情，让大家猝不及防。各地反复出现的疫情反弹，作为疫情防控的需要，国内跨省游恢复的日期被延后。

有从业者说只恢复省内游解决不了什么问题，这个判断不全面，也不客观。省内旅游这个量已经不小了，很多省的面积和人口在海外抵得上一个国家了。从清明节到劳动节，旅游消费日趋活跃，都市休闲一日游、近郊周边游回暖，复苏迹象明显。劳动节假期五天，全国共接待国内游客人数1.15亿人次、旅游总收入475.6亿元，按可比口径同比分别恢复53.5%和36.7%。劳动节期间，游客平均出游时间已超过40小时，平均出游距离为136千米，其中本地游客平均出游距离40.5千米，游客目的地的平均游憩距离为16.7千米，较2020年春节长假平均值提高了50%。劳动节游客满意度达到84.8分。

4. 跨省游恢复，行业信心积聚

在密切关注市场数据，全力做好清明节、劳动节和端午节假日旅游工作的同时，文化和旅游部第一时间完成了"恢复跨省旅游和'机票+酒店'业务"的政策储备。在国内疫情好转的前提下，7月14日，经中央批准后，文化和旅游部办公厅印发《关于推进旅游企业扩大复工复业有关事项的通知》，指出恢复跨省（区、市）团队旅游。各省（区、市）文化和旅游行政部门在做好疫情防控工作的前提下，经当地省（区、市）党委、政府同意后，可恢复旅行社及在线旅游企业经营跨省（区、市）团队旅游及"机票+酒店"业务。在恢复跨省游后的第一个节假日，经中国旅游研究院（文化和旅游部数据中心）测算，八天长假期间，全国共接待国内游客人数6.37亿人次，按可比口径同比恢复79%；实现国内旅游收入4665.6亿元，按可比口径同比恢复69.9%。根据专项调查，假日期间，游客平均出游半径213.0千米，在目的地的平均游憩半径为14.2千米，出游半径较劳动节和端午节假期增长56%以上。游客过夜比例为49.6%。

中国旅游研究院（文化和旅游部数据中心）调查显示，游客"二次出游"

意愿强烈，假日效应向节后溢出。长假期间 35.8% 的游客选择“国内疫情形势好转，国内中长线旅游变为省内游或近程游”，跨省游的比例为 29.1%，出行距离 300 千米以内的占比为 83.5%，不少人在假期中段返程后二次短途出游和多次本地休闲。游客出游半径在 5 日达到最低，6 日开始再次扩大至 200.1 千米，环比扩大幅度为 10.6%，7 日环比继续扩大。极具韧性的旅游业已成为国民经济的一道亮丽风景。中国人的旅游消费信心显著增强，八天假期的出游人数、旅游消费规模都达到 2020 年最高峰，国内旅游市场已逐渐走出疫情阴霾，进入全新发展阶段（图 2）。

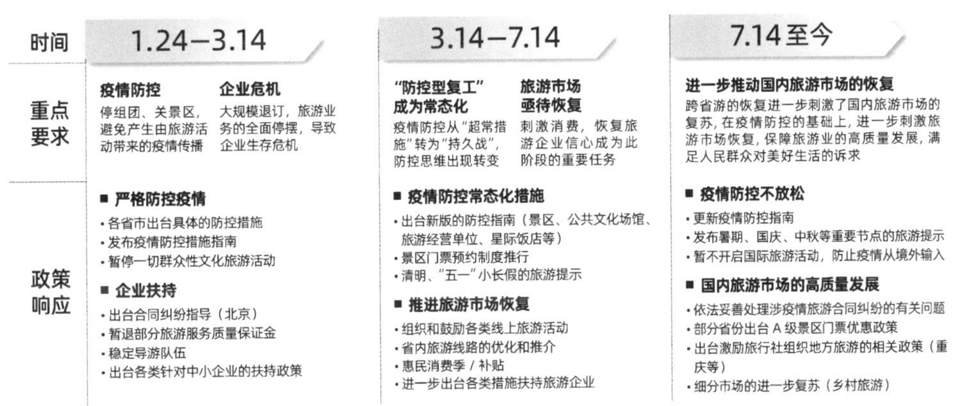

图 2　疫情之下行政主体的应对举措

二、疫情期间旅行服务业的守成与创新

1. 疫情下，不同类型旅行服务商应对措施各异

疫情发生以来，旅行社业务基本处于停摆状态，疫情笼罩之下的旅行社从业人员普遍叫苦连天。旅游行业盈利水平普遍偏低，而我国的旅行社主要以中小型为主，旅行社的家底都不厚，业务暂停没了收入来源，成本却每天都必须支出。有一些是悲观面对困难，有一些是乐观面对困难。中小型旅行社企业在“争取先部分开工”、积极开拓市场等方面要弱于大型旅行社企业，更偏好“等待观望”。以春秋、广之旅、国中青等为代表的传统大型旅行社仍然有定力，对行业发展充满信心，在疫情期间通过开展各类线上学习、线上实操锻炼等方式苦练内功，为疫后的旅游市场全面振兴蓄能（表 1）。

表 1　主要旅行服务商的上半年财报

财务指标 / 企业名称	第一季度		第二季度	
	营业收入（亿元）	净利润（亿元）	营业收入（亿元）	净利润（亿元）
携程	47　(-42%)*	- 54　(-217.39%)#	32　(-64%)*	-4.76　(-18.11%)#
途牛	1.740 (-61.9%)*	-2.05 (-38.5%)	0.34　(-93.5%)*	-1.546 (7.5%)
同程艺龙	10.05 (-43.6%)	0.78　(-82.6 %)	12　(-24.6%)	1.96　(-43.2%)
凯撒	7.53　(-41.6%)	-0.64 (-312.4%)	8.9　(-67.7%)	-1.18　(-288.6%)
中青旅	12.01 (-52.8%)	-1.98 (-408.6%)	25.55 (-56.3%)	-1.57　(-141.1%)
众信	11.54 (-53%)	-0.29 (-144.8%)	12.41 (-78.4%)	-1.76　(-260.1%)

* 为净营收，# 归属于公司股东的净利润。

疫情期间，受制于资金、自身有限的资源，中小旅行社企业出现全面亏损，面临歇业、倒闭；中小型旅行社行业的从业者多处于失业状态。疫情影响下企业是否能挺得住且活下来，是广大中小旅行社必须面对的现实问题。与此同时，中国旅游业的瞬间休克使得庞大的导游群体随即也“被动失业”。值得注意的是，和其他旅游从业者不同，中国导游在此次大灾之下，面临的处境更加艰难。中国旅行社协会导游专业委员会发布的“疫情下导游生存状态与职业发展需求”的调查报告显示，疫情期间国内导游群体的生存状态严峻，有 80% 的被调查者“从事导游工作、目前无业务”，10.6% 的人从事导游工作、兼顾做网上销售等其他工作，8.4% 被调查者已转行或计划转行做其他工作。甚至部分导游持悲观态度，认为此次疫情对于导游行业的影响在 3 个月以上。事实上，随着发改、财政、金融、商务、文化和旅游等宏观政策和地方政府具体政策效应的显现，旅行社企业开始从初期的极度悲观和看不到未来的恐惧中缓过劲来，信心得以重新积聚，并开展形式多样的自救和互助行动。越来越多的旅游集团、中小型企业和创业公司不再一味焦虑、把希望都寄托于政府出手救助，而是本着“企业自救、行业互助、政府托底”的理念，承担共同而有区别的责任。

为应对旅游行业复苏，众多大型传统旅行社在疫情期间通过多种途径培训员工、提高管理能力，一方面，稳定企业队伍，另一方面，为疫后旅游市场的全面重启储力蓄能。春秋旅游从 2 月 10 日起开始内训工作，通过线上听课、考试的方式对上海以及外地、海外的分公司及子公司共 2200 多名员工进行培训，培训内容包括多个目的地的业务知识、旅游法律法规、企业管理以及结合本次疫情应对所做的“应急预案”“留住客户”等 90 门针对性课程共计 160 课时（至

3 月底）；员工不仅获得了知识、提升了管理水平，同时为疫情过后的业务重启、振兴，奠定了更加坚实的基础。众信旅游从以下几个方面苦练内功。一是在线培训员工，学习旅游服务和目的地方面的技能知识；二是解决一些遗留问题，把企业内部的事情做好；三是加强技术研发方面的准备，大力抓技术端的研发促进线上和线下的融合；同时与各供应商积极沟通，着手制订疫情过后的产品计划和资源采购计划，为疫情解除后的消费爆发积攒力量。广之旅也积极自救、修炼内功，积极为旅游市场重启蓄力储能。一方面，组织企业系统内的分支机构和员工通过各类学习平台，参加疫情防控应知应会培训和各类在线职业能力提升课程，为疫情后旅游企业复工复产夯实基础，共有十多个城市的分支机构、超过 5000 名旅游从业者参加。另一方面，对导游、领队等岗位培训材料进行梳理、过滤，不断更新完善，组织编写培训教案；试行“云旅游”线上旅游服务，将领队、导游的线下实地讲解实操经验，运用到与用户实时互动、科普旅游知识的线上直播当中。

2. 旅游直播成为旅行服务商业务增长亮点

任何时候都要保持对旅游市场的信心和企业创新发展的韧劲，要看到危机中孕育机遇，于变局中开新局。在线旅行服务商应疫情催生的城乡居民多元化出游住宿需求，主动创新产品服务。在线旅行服务商通过多行业合作、多渠道营销突围疫情困境，推动产品服务全面升级。尤其是旅游直播成为旅行服务商业务增长亮点，多家在线旅行服务商推出“Boss 直播”。直播成为旅游行业的自救手段，携程、去哪儿、飞猪、马蜂窝等头部旅游平台均在重点布局直播业务，旅游目的地、酒店集团等旅游服务商也在各个平台开展自己的直播，沉淀私域流量。总裁下场、达人出镜、商家入坑等，马蜂窝发布的直播报告显示平台上超 3 成商家已经开始直播，绝大部分未开播商家表示未来会开展直播业务，超 4 成商家年直播计划投入在 1 万 ~5 万元。此外，有 OTA 启动了“云游”的模式，同样以“旅游 + 直播”的模式，达到与用户互动的目的，从而在一定程度上带动旅游业的回暖。飞猪利用淘宝直播策划了“云春游”等系列直播，结合线下实景直播、专业主播讲解、科普讲座等多种形式，以博物馆等景点为切入点带给用户一系列云游体验。马蜂窝旅游发起“云旅游”，联合旅行达人、目的地、景区及平台商家，通过高频次的视频直播、图文直播等方式，将最具代入感的旅游玩乐体验展示给用户。“直播 + 旅游”不仅为“旅游”带来了流量变现的新商业模式，同时也带动了行业消费的升级。

疫情期间，“旅游直播”不仅被提到了前所未有的高度，更成为各商家商业模式、营销方式的创新试验场。从实际情况来看，尽管“旅游 + 直播”可以在疫情期间把一些景区门票、酒店等旅游产品卖出去，但从长远来看，随着整个旅游行业的恢复，一旦失去价格优势后，“旅游 + 直播”的红利优势将会丧失。而且，旅行服务商直播间售卖的产品多为预售产品，以酒店、景区门票等为主，机票、度假游产品较少。旅游产品购买频次低，需要精心安排出行时间，有比较长的决策周期。直播很难激发游客下单的冲动，更多人是通过直播先了解目的地的相关信息。平台上很多直播的旅游内容和呈现方式，难以吸引喜欢旅游的人的关注，也难以实现有效的转化率。携程可以靠个人的 IP 和魅力直播带货，但对很多中小型的旅行社来说，很难复制这种模式。中小旅行社企业应该好好运营私域流量，建立好信任度后，再进行转化，对精准的客户卖货。此外，随着更多的旅行服务商进入到旅游直播领域，直播内容的同质化提高了变现难度，旅行服务商要找到合适的主播、擅长且独到的直播切入角度也是要考量的。虽然旅游直播在一定程度上带动了旅游行业的复苏，但用户最看重的还是旅游产品的品质。旅游消费从线上完成交易，最终还会到线下体验，线上消费与线下体验之间的关系还需要平衡，旅行服务商持续提升产品和服务品质还需要继续去探索。

3. 通过产品预售提高消费信心

除了直播，在线旅行企业也纷纷通过产品预售、与地方合作等促进旅游产业的恢复，提高消费信心。马蜂窝的“暖春预售”，以酒店、门票两大品类为主，推出一系列超高性价比的酒店、景区门票产品。去哪儿网联合全国 35 个省市旅游局、千余景区、万家酒店开展“去哪儿重逢”计划，大规模上线以酒店、景区为主的预售类产品。途牛推出了最长覆盖 2020 年全年的预订权益，结合二次预约、未预约随时退的预订保障，给用户提供较为丰富的城市周边周末和小长假度假选择。携程集团与贵州省合作，以打造“多彩贵州”文化旅游品牌为核心，助推贵州疫后文化和旅游产业复兴。在线旅行服务商通过预售、直播、与地方合作等形式，一是保持了持续的品牌曝光，强化企业品牌影响力、公信力与权威性。二是做好旅游出行的种草。通过云旅游、直播、预售等实现品牌种草，提高消费信心，尤其是预售类产品最能反映旅客对未来市场的信心。三是在疫情期间进行产品创新。通过预购酒店等形式锁定消费者，同时促进周边消费。

三、旅行服务业振兴与高质量发展

1. 创造新思维，为游客提供所需的旅行服务

经此一疫，旅游业再也回不到过去了。国民大众的每次行程，可能不需要跟团，但是一定需要了解目的地信息、需要订酒店、需要订餐、需要给汽车加油、需要给手机充值、需要发美图和朋友分享。他们需要的不是旅行社，而是旅行服务。面对新的市场需求和新的治理模式，旧人、旧思维、旧模式不去满足的话，就自然会有新人、新思维、新模式去满足。旅行社数量从当年的 9000 家发展至今天的近 3.8 万家，根本原因就在于人民群众需要旅行服务，旅游者在网上查信息、做预订、反馈和分享，最终还是要回到商务、政务、休闲生活的具体场景中来。只要旅行社的根在客源地和目的地生活场景中越扎越深，坚持为游客提供个性化、有温度的旅行服务，真正建立起与游客的情感连接，就会永远立于不败之地。过去的需求对应的是过去的旧有模式，现在是新的需求，就要有新的模式、新的思维和新的动力。

2. 发现新市场，旅行服务多元化

旅行社在重点布局跨省旅游业务的同时，继续关注省内跨市、跨县区游，包括周边游和本地休闲市场。通过 2020 年春节、清明节、劳动节和端午节四个假日旅游市场的数据，之前的一些理论观点得到更加明显的验证：旅游需要美丽风景，更需要主客共享的美好生活。疫情期间，传统旅行社组织的旅游活动停止了，可是旅游活动并没有停止。游客更愿意以自驾的方式和家人一起，去欣赏近程的风景，去体验日常生活的美好。这里面有没有商机？肯定是有的，而且很多。本地游由于信息不对称，游客规模相对较小，主要靠产品和服务品质去拓展市场，做好了，企业的竞争力增强了，职业尊严也就有了保证。自驾游同样需要目的地信息，还需要加油、停车、保险、救援、社交等新需求，现在基本上是汽车、登山、野外等俱乐部在满足客户需求。周边游、乡村游、都市休闲游、研学旅游、定制旅游等同样需要服务，但不是传统的服务了。旅行社完全可以通过渠道合作、联合研发和专业服务等模式介入这个全新的领域。如果忽视本地游和周边游市场，单纯寄希望于跨省游和未来的出境旅游，行业为疫情所付出的代价就太大了，复苏的希望很可能就落空了，这也不是政策的本意。

3. 培育新动能，科技和文化创意为旅行服务赋能

旅行服务企业要加强科技应用和文化创意，在转型升级中构建自己的核心竞争力。这个问题在疫情之前就已经存在了，以后会更加明显。如果还是走传统线路的不合理低价销售模式，靠游客的自费项目和购物返佣，甚至和商家串通搞强迫消费和欺诈消费的话，还是会被市场无情淘汰的。不要觉得传统的旅行社退出市场，游客就没法子旅游，行业主管部门就没事干了。随着美丽中国旅游梦逐渐成为现实，社会主义市场机制越来越完善，旧的模式如果不与时俱进的话，就一定有新的模式来替代。

在科技推动旅游高质量发展的今天，如果旅行服务商不能跟上 5G、北斗导航、无人驾驶、机器人、语言识别、区块链、人工智能、增强现实等信息科学和工程技术的进步，很可能被时代抛弃。对于旅行服务商而言，应当也可以投入更多的精力去跟踪科技进步，研发基于新型技术的新项目、新产品，而不是比着去开直播，满足于在社交网络上刷流量。现在人们的旅行经验越来越丰富了，游客到了目的地，不见得还像过去一样到处打卡留影，而是开始关注生活体验，即"景观之上是生活"，不仅要看美丽风景，更想体验美好生活。游客的需求就是碎片的、随机的和分散的。就是有了这种需求，传统的动能也没法去满足，只能靠科学技术、靠文化创意的力量来研发新的产品满足他们的需求，才是真正地把科技从概念做到了产品化。

第二章

契约引领

Chapter 2

Guidance of Contracts

随着疫情形式的恶化，为贯彻落实习近平总书记“把人民群众生命安全和身体健康放在第一位”的重要指示精神，在科学研判疫情与旅游关系的基础上，文化和旅游部从春节假期第一天开始就采取果断措施，将工作重心从“保障供给，繁荣市场”转向“停组团、关景区、防疫情”，及时关闭旅游景区、博物馆、文化馆、剧院剧场等文旅场所，停止演出、外访、旅行社组团业务、公众聚集性活动、星级饭店大型活动。旅行服务商迅速采取措施紧急停止未出行、出团的各项旅游业务，随即而来的大规模退订成为疫情突发后旅游业面临的第一个考验。

中国旅游集团、凯撒、华程、众信、广之旅、春秋等传统旅行社，以携程、美团、飞猪、同程、途牛为代表的在线旅行运营商，在自身业务停摆且损失巨大的情况下，第一时间响应国家号召，快速推出“无损退订”服务。企业客服人员连续加班服务退订需求，免费退订人群范围从疫情确诊人群、同行游客，扩展至各类一线工作人员，订单范围覆盖至全网全类型订单，退订方式由人工扩展到在线自助退订。正是由于旅游企业的主动承压，广大游客加深了对政府应急决策的认同和旅游服务品质的认可。

然而，与退订有关的合同纠纷和行业争议也甚嚣尘上。不得不说，无损退订等政策的推出和实施一方面体现了旅游业者的责任和担当，但同时也暴露出整个行业在法律知识与意识方面仍然相对薄弱。当我们脱去感性的认知，从推动产业良性发展的角度认真思考，如果我们与“黑天鹅”再次不期而遇，我们应该如何应对？仍然需要旅行服务商的社会责任感来慰藉各方的损失和压力吗？当我们回归理性思考，从推进产业成熟而理性的角度出发，就会发现，在复杂多变的环境中，我们必须依靠现代商业文明的底层铸件——契约制度，来指引和领导我们更好地应对突发的状况。

一、多维度审视“无损退订”

1. 法律视角下的“无损退订”

据中消协的报告显示，2020 年 1 月 20 日至 2 月 29 日，全国消协组织受理的涉疫情消费者投诉中，合同投诉占比 19.48%，成为消费者投诉的热点。具体来说，主要集中于餐饮服务、住宿服务、出行服务、旅游服务等方面的合同投诉，尤其是住宿服务退订难和旅游退订扣费高，成为消费者投诉比较多的问题。

据调查，游客与旅游公司的争议焦点主要集中在对“无损退订”的认知差异上。投诉的消费者主要认为因不可抗力造成的未出行，自身无任何主观过错，因而不应承担财务损失，旅行企业应全额退还旅行服务费用。

事实上，根据《旅游法》第 67 条规定：“因不可抗力或者旅行社、履行辅助人已尽合理注意义务仍不能避免的事件，影响旅游行程的，按照下列情形处理：（一）合同不能继续履行的，旅行社和旅游者均可以解除合同。合同不能完全履行的，旅行社经向旅游者做出说明，可以在合理范围内变更合同；旅游者不同意变更的，可以解除合同。（二）合同解除的，组团社应当在扣除已向地接社或者履行辅助人支付且不可退还的费用后，将余款退还旅游者；合同变更的，因此增加的费用由旅游者承担，减少的费用退还旅游者。（三）危及旅游者人身、财产安全的，旅行社应当采取相应的安全措施，因此支出的费用，由旅行社与旅游者分担。（四）造成旅游者滞留的，旅行社应当采取相应的安置措施。因此增加的食宿费用，由旅游者承担；增加的返程费用，由旅行社与旅游者分担。”

根据该法条，无损退订并不等于全额退订，旅行社可以依法在扣除相应的无法退还的费用后，将余款退还给消费者。但在实际的纠纷处理过程中，众多旅行社在业务操作过程中未按规范执行，尤其是资金往来方面的票据不合理、留证不足，导致了其在举证环节的困难加大，而从增加了仲裁的难度。因此，从法律的角度来看，无论企业还是游客，法律意识都相对薄弱，都需要加强法律知识的学习。

2. 企业社会责任视角下的无损退订

2020 年 1 月 21 日中午，携程发布一则公告，针对疫情推出了“特殊退改政策”。公告称，将会为确诊以及疑似为新型冠状病毒肺炎的用户，无损退订所有携程的产品。紧接着，美团、飞猪、同程艺龙、马蜂窝、驴妈妈、途牛等 OTA 迅速“自觉对齐”，推出了非常类似的政策。紧接着，关于全国其他目的地的出行、住宿、度假订单也开始出现大规模退订需求。1 月 23 日，武汉宣布“封城”，中国民航、铁路部门也推出了为全国旅客免费退订机票、火车票的政策。次日，携程、飞猪、美团都对自己的政策做了升级。1 月 24 日携程启动重大保障资金，免费取消全国范围内旅游产品订单，到 2 月 5 日升级到 10 亿元支持基金。与此同时，其他各大 OTA 平台也相继跟进“无损退订”。事实上，在 OTA 退订过程中，并不是只损失自身的成本费用，在他们与供应商沟通过程中，尤其是外国的供应商，鉴于政策环境和商业环境的不同，对方难以理解“无损退订”的政策，因而，众多OTA只得自行垫资为游客提供无损退订和免费取消服务。

众多头部旅行服务商，尤其是OTA在自身遭受重大损失的同时，却带头承担用户损失，提供志愿服务，从技术支持、物资供应、人力调配等多方面协调整合互联网行业资源驰援一线。在随后的政策中，旅行服务商们还发起多项“敬医公益行动”，为医护人员和志愿者提供无偿公益住宿和用车等，表现出了旅游企业的社会责任担当。正是他们的社会责任感和企业行为，在疫情初期极大缓解了疫情下的各方焦虑，保障了消费者利益，使广大游客加深了对政府应急决策的认同和旅游服务品质的认可，为行业平稳发展做出显著贡献。

3. 竞争视角下的无损退订

当我们为头部企业的行为喝彩之时，也应该看到众多轻资产的中小企业及平台供应商面临的巨大压力。大型旅游企业凭借自身的资本和实力，推出无损退订和免费取消等服务，而中小型旅游企业却艰难跟进。因而，在中小型旅游企业进行退订业务时，常常遇到客人的不理解与不信赖，尤其是要求其对标OTA平台的无损退订政策，给企业带来了巨大的压力。如果退订业务处置不当，则企业的信赖度降低，需求市场的信任度必然倒向这些实施无损退订的大型企业。长此以往，中小微旅行社获客将会越来越难，使得本就受疫情打击重大的中小企业，生存压力进一步加大。

另外，对于平台供应商来说，虽然各大平台都提出愿意与供应商共同承担损失，但是需要供应商提供核实损失的凭证。在实际的旅游交易中，尤其是对于春节订单来说，提供相关凭证是十分困难的。例如，平台要求春节的确认书是“一单一个”，但转账中大多是多单合并转账，或者分多次支付、月结以及欠款，因而难以提供一单一个的凭证。不仅如此，由于交易规范意识的缺乏，众多旅行企业之间的交易票据都缺乏正规性，有些甚至依靠人情关系进行口头交易，因而没有留有相关票据证明。因此，为供应商核实损失成为一个漫长且充满不确定因素的过程。供应商们一方面担心平台无法留给他们充足的时间，另一方面，又害怕会失去同OTA继续合作的机会，造成获客入口和流量的巨大损失。可以看出，从竞争的角度来说，头部企业提供的无损退订在事实上转变为行业内的竞争门槛，加速了行业内的洗牌、市场生态的重置。

4. 行业共益发展视角下的无损退订

头部企业推出的“无损退订”对于处于长尾的中小企业所施加的竞争压力，足以将中小企业构成的深入毛细血管的旅游服务链打散，造成行业内的重新洗牌，为中小企业的生存带来巨大的压力。

2019 年全国旅行社数量欲突破 4 万家，除了能够直达资源端的大型社，绝大部分是需要向供应商采购产品的中小旅行社，构成了我国旅行服务商最主要的市场主体。面对不断下沉的市场需求，众多中小企业成为满足我国多样化需求的重要一环。同时，在旅游市场需求日益碎片化的今天，这些深耕于细分市场和细分领域的“小而美”的企业，既可享受税收等政策优惠，又可以保持灵活的机制和“船小好掉头”等敏捷应对市场的优势。他们利用自身的技术、勇气和对未来憧憬，不断打破传统的行业束缚，推动着行业的创新和发展。例如，大鱼旅行，通过做新媒体旅行创意内容设计与营销，助力旅游目的地的营销，疫情期间，他们完成了直播百余场次；Bikego 多年来致力于运营管理体系的构建和爆款产品的打造，通过线上规模化管理，形成“组团 + 交付 + 反馈”的闭环供应链运营模式；还有一些专为旅游企业提供智化服务的企业，如游必得、路书云、美匣云等，都致力于企业智能管理效率和效果的提升。这些长尾企业为行业的发展注入了活力和生机。

因此，一个良性发展的产业生态不仅需要头部企业，更需要小而美的长尾企业，两者互动竞合，共同形成良好的产业发展生态。行业的良性发展需要供应链企业间、企业与用户之间基于契约的理性对话和不断调整完善的制度设计。如果“黑天鹅”再次不期而遇，我们是否已有了更好的解决方案？

二、常态化契约制度的建立

疫情的突然暴发使得整个行业在应对初期不知所措，有些甚至乱了阵脚，这不仅说明旅游业的脆弱性，同时也表现出旅游企业在应对突发状况时机制的缺失。经此一疫，旅游业和旅行服务商们应该吸取经验教训，将非常态化下的应急举措转化为常态化下的契约制度建设。

1. 建立不可抗力风险的行业共担机制

当前国际经济形势复杂多变，经济社会发展的随机性越来越强，“黑天鹅”的出现难以预判，旅游业中的非对称风险成为新的现象，叠加旅游业自身的脆弱性，导致旅游业的抗风险机制愈加重要。面对新的经济、社会环境，我们不应再悲天悯人，反而应该将“反脆弱性”作为未来发展的重要战略，从不确定性中获益。

旅游产业链环环相扣，一个环节阻滞，便会影响上下游企业的正常运转，进而阻滞整个行业的有效运行。因此，当旅游业及产业链受到突发事件或短期系统性风险严重影响时，提升整个行业应对系统性风险的能力就变得至关重要。

在旅行服务供应链中，应该在《旅游法》的核心思想指引下，建立合理且具有实操性的协同与分担机制。这种风险共担的形成需要三个前提：第一个前提是旅游企业之间要有诚信。这种诚信是指彼此双方的诚信，基于对彼此的信任，是风险共担的基础。第二个前提是要有良性的授信机制，授信机制的有效运转，需要企业双方的互利互惠，旅游企业作为商业机构，其基本的原则和目标便是盈利，只有做到让双方互利互惠，才能在风险出现时，共担风险，也只有在风平浪静时的互惠互利，才能降低在风险爆发时的退出成本。第三个前提是要有一个健全的行业生态，一旦企业之间发生纠纷，首先双方之间应该都有诚信，都愿意解决问题，其次是互惠互利地看问题，最后是政府机关或政府协调要站在公平公正的立场解决问题。三个前提是企业双方互动的整体概念，主观意愿与理性商业选择叠加公正的协调机制，为风险共担机制的构建创造了可行的环境和路径。在此基础上，鼓励龙头企业牵头建立行业产业链上下游联盟，制订共担互助机制，增强产业链韧性。

此外，在此次疫情应对过程中，我国旅行服务商们遇到的挑战更多地来自于与国外供应商之间的沟通与协商，因此，探讨我国旅游企业与国际供应商间的风险共担机制更具有现实意义。与国内行业风险共担机制不同的是，在与国外旅游供应商沟通的过程中，除了信任、互惠互利之外，还要注重合同的协商与签订，在尊重彼此文化和法律的基础上，以契约为基本准则，以诚信和互惠为条件，双方共同承担风险。

2. 创新解决方案

在具体问题的解决过程之中，我们应主动探索新型的解决方案，尤其可以从保险、金融、数字化技术等方面寻找针对旅游产业特色的问题解决方案。

现有旅游类保险产品呈现出“重复率高、涉及面窄”的特点，主要保险品类是旅行社责任险、人身意外类险种、旅游救援类险种等，针对旅游风险保障的产品较少。旅游产业的脆弱性导致其极易受到环境要素的影响，新型冠状病毒肺炎疫情暴发后，风险损失和产业复兴过程中保险业务发挥的作用有限。因而，旅游企业和保险公司应该共同协商，针对旅游产业特点，开发产业风险类保险，在现有保障游客安全和利益的同时，为旅游企业和产业提供保险服务。

供应链金融产品实际在疫情暴发之前就已经被广泛讨论了。疫后，更是被很多专业人士认为是缓解旅游企业，尤其是旅游供应商资金压力的有效途径。长期以来，赊销模式作为主要的供应商与平台、零售商之间主要的交易模式，处于供应链上游的中小企业成为资金压力和资金成本的主要承担者。疫情对旅游业的打击以及“无损退订”带来的垫资压力，将众多供应商推向悬崖的边缘。供应链金融体系通过对供应链上下游、不同企业之间的资金筹措和流动统筹安排，合理分散资金成本，从而实现整个供应链财务成本的最小化，同时有效解决了旅游业中的三角债问题。在互联网大数据的技术支持下，第三方金融机构可以较好地掌握产品或项目未来的营收情况，供应链中的主导企业牵头，作为主要的担保方，为上下游的中小企业提供金融产品，保障供应商及时收到货款，同时给买家提供充足的付款周期，从而降低产品成本以及端到端供应链中的整体融资成本。此外，积极探索新型数字化技术，使得供应链企业间的实时信息交互、库存管理与结算效率进一步提升，从而改善针对 C 端的服务体验。

与此同时，政府应加强财政政策、信贷政策的协调配合，加大对金融机构、担保机构支持旅游中小微企业贷款或担保业务的风险补偿奖补力度。按照商业可持续、风险可防控原则，以平衡责权关系为关键点，进一步完善银担合作政策，积极扩大、深化银担合作。同时，银行业金融机构根据信用记录，对合作的融资担保机构进行差异化管理，提高风险控制水平。鼓励担保机构通过联合担保、再担保、担保与保险结合等方式，转移和分散担保风险。

3. 应急预案体系建设

疫情暴发初期，中央政府紧急部署，迅速启动国务院联防联控机制。文化和旅游部积极响应党中央的工作部署，在科学研判疫情发展态势的基础上，以保障游客安全为基本准绳，以推进产业恢复和发展为目标，分阶段采取措施，坚决防止疫情通过旅游活动进行传播，积极助推企业复工复产。疫情考验了整个行业的应急反应机制，但也暴露出部分问题。未来以政府为主导的应急体系要吸纳更多主体参与，充分发挥智库、行业协会等组织的作用，形成多维立体的应急体系，做到迅速研判、快速反应、果断行动。

国家通过强有力的行政命令迅速控制疫情的同时，市场主体明显应对乏力。面对突发的疫情，众多旅行社束手无策，在旅游业停摆和混乱的退订中，主要靠经验和感性认识来处理问题，缺乏成熟的应对机制，导致了疫情前期的慌乱和无措，只能坐等救助。针对这次疫情暴发出的问题，旅行服务企业要强化自身的应对能力，提前做好应急预案，优化自身处置能力。首先，应结合各自风险源点进行有效的应急预案的制订。坚持源头管控，预防为主，防控结合的原则，全面梳理安全应急预案，细化预案流程，规范环节设置，确保预案针对性强、过程完整、流程清晰、逻辑缜密。其次，要健全突发事故应急处置的工作体系，建立完善应急管理组织网络架构和制度体系，科学设置预案流程图，进一步加大安全投入，切实做好应急物资的储备和管理，做到有备无患。最后，要加强日常演练，突出实效，确保每个岗位、每个人员都能熟悉掌握应急处置流程，确保人员不缺位、过程不脱节，确保实现从预案到实战的无缝对接。

只有将应急处置工作常态化，旅游企业才能在风险高、脆弱性强的行业中，识别危机，妥善处理危机，从而转“危”为“机”。

三、引导全行业形成并强化契约意识

按照《旅游法》要求，“旅行社组织和安排旅游活动，应当与旅游者订立合同”。合同的订立本身就是彼此契约的构建，旅游活动的参与和组织者都应该拥有合同意识，遵守合同规定，对合同建立的契约怀有一颗敬畏之心。

1. 作为合同的甲方——旅行服务商

作为旅游活动经营者，旅行服务商必须要有法律意识，认识到，合同的签订不仅是明确自身责任的条款，同时也是对自身权责的明示和保护。就目前的产业实践来说，旅行服务商契约意识的薄弱主要表现在两个方面：一是与上下游供应商之间的交易手续不够规范；二是与消费者之间订立合同的意识还不够强。

在与其他供应商的交易过程中，旅游企业要有法律意识，手续和票据都要规范，不能完全依靠人情和经验办事，导致这次疫情期间很多旅行社难以划分责任，无法提供相应的证据，最终导致仲裁或法律判决上的难度增加。在与消费者订立合同的过程中，旅行社有向旅游者告知、说明旅游合同内容的义务。为了避免合同纠纷，旅行社应该翔实地向旅游者披露旅游服务安排和标准等关键内容，对变更、解除合同的情形向旅游者进行明确的解读，对可能存在的潜在危险做出明确的警示，并积极采取措施防止可能出现的危害。在疫情防控常态化的背景下，根据国家出台的《旅行社有序恢复经营疫情防控措施指南》，要求“旅行社要严格落实团队旅游各项制度和规范，依法签订旅游合同，明确各方权责。要开好行前说明会，提示游客投保人身意外伤害保险，主动宣传疫情防控知识，特别是加强秋冬季游客健康知识宣传，及时发布游客出游防控注意事项，提醒游客落实‘戴口罩、勤洗手、保距离’要求，增强游客自我防控意识”。

针对此次疫情中产生的旅游合同纠纷，旅行服务商要汲取经验教训，认识到自身在法律意识和法律知识上的不足。首先，因新型冠状病毒肺炎疫情不可抗力引发的合同解除，旅行服务商要充分做好解释工作，对于旅游者主动解除合同也要充分体谅和理解。其次，要有留证意识。按照法律规定，对于不可抗力解除合同产生的合理费用可以扣除，因此，旅行服务商有权扣除必要费用后将余款返还旅游者，但是按照谁主张谁举证的原则，旅行社要承担举证责任。因此旅行社要做好必要费用的证明，留存相应的证据，向旅游者详细说明产生费用的原因。

此外，据课题组调查显示，旅游过程中出现的游客人身安全问题也是旅行社面对的诉讼案件中占比较大的类型。在平时的工作中，许多旅行社仅仅是把对游客身体健康询问、告知当作一般程序对待，缺少有效的痕迹化证据保全。因此往往会出现较高的诉讼风险，按照法律要求，旅行社依法应尽安全保障义务，但由于无法提供相关证据，通常会被法院认定需要承担部分法律责任。作为提供旅游服务的企业，旅游服务商要强化风险意识，强化保险意识，游客的旅游意外险等不单纯是旅游产品的成本增加，而是旅游服务商规避经营风险的手段。此外，旅游服务商自身也要有风险评估意识，做到痕迹化管理和服务，要有正确处理意外事件和纠纷的能力，要防患于未然，要有预案措施。

2. 作为合同的乙方——游客

在接受旅行服务商的旅游服务之前，游客要有与其签订合同的法律自觉，要有意识地通过签订合同来维护自身的合法权益。作为信息不对称的弱势方，游客在签订旅游合同的过程中，要注意以下几点：

第一，相关的法律法规要了解。在合同签订前，旅游者可自行了解《旅游法》《合同法》《旅行社条例》等法律法规，掌握相关法律术语，做到对于所签订的合同条款心中有数。

第二，企业资质的合法性要审查。签订合同时，一定要查看旅行社的营业执照，掌握其资质、信誉等情况，注意查看工商部门颁发的营业执照和旅游管理部门颁发的《旅行社业务经营许可证》《旅行社分社备案登记证明》《旅行社服务网点备案登记证明》，并注意查看旅行社的业务经营范围，并且注意，旅游者签订合同的对方必须是旅行社总社或分社，报团费必须直接交与旅行社总社或分社，并索要发票，不可与营业部签订旅游合同，不可将任何费用交与营业部，营业部只能从事招徕、咨询活动。

第三，合同文本要规范。国家旅游与市场监管行政管理部门联合制订了旅游合同示范文本，旅游者可以查看合同文本是否为示范文本，或参考示范文本审核旅行社合同是否规范，有无“霸王条款”等不公平内容。

第四，合同内容要完整。完整的旅游合同应载明下列事项：①旅行社的名称及其经营范围、地址、联系电话和旅行社业务经营许可证编号；②旅行社经办人的姓名、联系电话；③签约地点和日期；④旅游行程的出发地、途经地和目的地；⑤旅游行程中交通、住宿、餐饮服务安排及其标准；⑥旅行社统一安排的游览项目的具体内容及时间；⑦旅游者自由活动的时间和次数；⑧旅游者应当交纳的旅游费用及交纳方式；⑨旅行社安排的购物次数、停留时间及购物场所的名称；⑩需要旅游者另行付费的游览项目及价格；⑪解除或者变更合同的条件和提前通知的期限；⑫违反合同的纠纷解决机制及应当承担的责任；⑬旅游服务监督、投诉电话；⑭双方协商一致的其他内容。

第五，接待标准要明确。合同内应明确所乘坐的交通工具的详细情况，明确游览景点数量和时间，明确购物次数和在每个购物点逗留的时间，明确住宿旅馆的标准，不接受“准星级”“同级”等模糊表述，这一点往往是合同争议的热点，所以旅游者要特别警惕，明晰具体内容。

第六，协议条款要补充。旅游合同内一般会留有空白条款让双方约定协商一致的事项，旅游者参团时有特殊要求，或旅行社提出特别承诺事项，经双方确认后应要求写入合同补充条款，以免日后产生争议。

第七，旅游价格要透明。弄清旅游价格，拒绝二次收费，旅游价格是旅行社为旅游者提供服务所收取的费用总和，包括交通运输、用餐、住宿、游览、导游服务和旅游意外保险等项目费用。此外，旅行社还应提供经双方协商一致安排的购物和另行付费旅游项目的列表和收费标准，如在游览过程中出现不合理收费，这条合同条款就是游客日后举证的重要依据。

第八，违约责任要分清。旅游合同中应明确约定旅行社和旅游者各自的违约责任，同时约定违约方应承担的责任、赔偿方式及违约金的计算方法等。

第九，争议解决要约定。对于合同履行过程中发生的争议，双方应明确约定争议解决方式。可先由双方协商解决，也可向合同签订地的文化和旅游主管部门、消费者协会、有关的调解组织等有关部门或者机构申请调解。协商或者调解不成的，提交仲裁委员会仲裁或依法向人民法院起诉。

明晰了以上内容，旅游者才能合情、合理、合法地用合同保障自身的合法权益。签订合同之后，消费者也应有成熟的消费理念，严格遵守合同规定的权利和义务。旅游合同的签订不仅规定了旅行社的义务，也对旅游者应承担的义务做了明确的规定，只要在签订合同时，双方意思表述清晰，且在自愿的前提下，那么旅游者就必须承担合同中规定的义务。以此次疫情为例，按照《旅游法》和旅游合同等的规定，因不可抗力导致的旅游合同的取消，旅游者并不是必然应该获得全额退款的。因此，旅游者不应以“自己无过错”“无主观故意”“弱势群体”等理由要求旅行服务商全额退款，这一要求本身就是一种契约意识薄弱的表现。

3. 不直接参与合同订立者——政府、协会、智库等非营利组织

政府、行业协会、智库等非营利组织虽然不直接参与旅游合同的订立，却拥有营造良好社会环境的能力和社会义务。这些主体应该尊重商业文明中的契约精神，制订可行的规则，引导行为主体主动制定合同、遵守契约，共同推进旅游业的良性发展。

政府作为行政主管部门，一直致力于通过行政手段强化旅游活动中的法律意识和行为。2013 年《旅游法》的颁布为保障旅游者和旅游经营者的合法权益、规范旅游市场秩序、保护和合理利用旅游资源、促进旅游业持续健康发展提供了法律保障。该法中对于旅游合同的签订和内容等都做了相关的规定。随着旅游产业实践的发展，2020 年 11 月 30 日，文化和旅游部、国家发展改革委、教育部、工业和信息化部、公安部、财政部、交通运输部、农业农村部、商务部、市场监管总局 10 部门联合印发了《关于深化“互联网 + 旅游”推动旅游业高质量发展的意见》，其中在第六项提升旅游治理能力中，明确提出要“推广旅游电子合同使用，推进旅游电子合同标准制定”。该规定是继 2017 年 6 月 28 日，国家旅游局（现为文化和旅游部）办公室下发《国家旅游局办公室关于在北京、上海、江苏等六省市启用全国旅游监管服务平台有关事宜的通知》，指出全国监管平台规划建设“电子合同管理”功能模块，构建“全国旅游示范合同库”和全国统一的“旅游电子合同库”以来，对电子合同在旅游行业推广应用所取得的价值做出重要肯定和认可。随着国家旅游监管部门、线上线下旅行社落实电子合同，从 2019 年开始，我国旅游业已进入“电子合同时代”。旅游电子合同在成本和效率上相对于纸质合同，有很多提升，同时在提升信息化规范化水平、保障消费群体合法权益、高效处置旅游突发事件等方面都具有特殊的优势。可以看出，行政主体在法律法规构建和行业实践优化方面都在不断地进行完善和努力。

行业协会和智库等作为连接政府、产业、企业、游客之间的桥梁和纽带，在行业契约意识的强化过程中，也应起到导引、协助和服务的作用。例如，中国旅行社协会在疫情期间，公开发布了针对疫情企业经营的法律指引、《关于积极履责规范开展业内退改工作的通知》等；中国旅游研究院（文化和旅游部数据中心）、中国社会科学院等智库联盟也针对疫后旅行服务商面临的问题提出合理意见，并向相关政府部门提交了资政建议等，充分发挥自身的作用，规范旅游市场，提升各主体的契约意识和法律行为。

总之，一个产业成熟而理性的发展，不仅要有勇于承担社会责任的市场主体，也要有尊重契约的消费者，更需要完善的规则和体制，以及对契约怀有敬畏之心的社会环境。

第三章
人际分发
Chapter 3
Person Distribution

所有技术工具的发展，最终都需要回到人本身。旅行服务业在经历了一轮又一轮的技术变革后，其信息传播与产品分发的逻辑都已发生变化，不仅包括仍在进行中的、从线下到线上的云化过程，更在经历着“从门店到人”“从平台到人”“从人到人”的渠道变迁，“前人后厂”的短链模式将进一步改变隐藏在现象背后的商业逻辑与产业组织方式。

一、旅游产品分发渠道变迁

改革开放 40 多年来的旅游业发展，如果从产品和信息的分发渠道来看，大体可以划分为三个时期，每个时期的分发逻辑不同、操作模式不同，对企业能力的要求也不同。当这个进行中的趋势因为疫情的突发而在更短的时间内集中兑现时，对业界的影响和冲击不言而喻（图 3）。

图 3　旅游产品与信息分发渠道变迁

1. 从门店到人

自旅行社出现以来，门店便是经典的存在，即使在网络化极为发达的今天，仍然能够见到门店的身影。在 20 世纪旅游业发展早期，互联网经济还没有萌芽，实体经济是经济的唯一表现形式，产品的分销都是以实体店的方式存在。在这个时期成长起来的、以“国中青”为代表的旅行社都会在全国各地开设大量门店，所有包价产品和售前的服务都是通过门店传递给客户，门店几乎是连接终端产品和终端客户唯一的渠道，而门店也会带来天然的信任感。在此情况下，企业对市场的渗透率天然地与门店密度和数量有关，下沉度也与此有关。

由于是实体经济，门店的选址就变得极为重要。即使到今天，门店选址的重要性也从未减弱，如果考虑到一些企业还会有资产增值的目的和需求，选址就变得更加重要。

即使在互联网如此发达的今天，门店也仍然是旅游产品和信息分发的渠道之一，但事实上已不是主要的渠道，或者说其功能定位也发生了一些变化。比如，携程、同程等平台型企业也在向下拓展开设门店，但这类门店还被赋予了更多其他功能，诸如体验、增强信任感、渠道下沉等。然而，当线上的信用体系逐渐完善后，当线上消费向低线城市的渗透率不断提高之时，门店能够带来的收益与其本身运营的成本相比又面临着是否合理的问题，因此近年能够看到门店大量扩张与收缩的交替现象。而在疫情之下，则发生了大面积的门店关闭。

2. 从平台到人

互联网出现之初，人们并未能想象未来它对行业的颠覆与重构，事实上这是很多行业共同经历的。互联网出现后，最初与旅游业的结合只是渠道功能，有一些企业发现可以将旅游产品放到网上去销售，以携程为代表，当时只是在机场等地推广卡片，销售机票和酒店这样的标品产品。但这一步却是本质的变化，因为产品的分发开始不受时间的限制，也不受空间的限制，正如长尾现象只能在互联网时代出现，而无法在传统实体店出现一样，因为边际成本差异巨大。由此，大型平台集中涌现，仅标品的市场就容纳了诸多刚刚起步的平台企业，开始了一轮旷日持久的平台竞争。不管结果如何，自 1999 年携程创立以来，20 多年来是互联网对旅游业深度渗透的过程，这种改变无疑非常深刻，且正在进一步加剧。

对于消费端而言，人们从完全不懂到现在习惯了在各种平台上购买产品，甚至比价组合，平台打破了以往供需双方的信息不对等后，成为新的且日益主流的产品分发渠道。平台一端聚拢了大量的消费客户，一端开始连接数以万计的旅行服务商，使其成为平台的供应商，直至今日仍然是这个格局。供应商的产品有很大的比例需要通过平台分销出去，虽然始终有佣金博弈问题，但已毫无疑问是不可或缺的渠道。在互联网时代的马太效应之下，平台数量开始减少，直至达到几家头部综合型平台的平衡，但竞争仍在继续，且垂直类的平台还在不断涌现，因为巨大的国内消费市场能够支撑这样的平台型企业发展，而且日益专业而个性碎片化的需求更需要专业化的平台和服务来满足。

3. 从人到人

尽管从平台到人的分发仍在继续且仍然是主流，但已经有新的不可被忽视的趋势出现，且愈演愈烈，不得不察。疫情之下包括旅游业在内都出现了一波直播浪潮，这个现象的出现并非偶然，先前已经存在，但疫情加速了这个趋势的到来。事实上，B 站于 2009 年创立，小红书于 2013 年成立，抖音于 2016 年成立，这些新型平台的出现，不同于携程、马蜂窝、飞猪类型的平台，它们一开始就是以个人的方式出现，它给每个个体展示的机会，这也是 UGC（用户原创内容）增长最快的一类平台，因为它激发了每个人的积极性和分享欲望，让大家看到更多彩的世界和生活。于是，随着这类平台的发展，它逐渐开始成为产品和信息的分发渠道，人们开始把不同的产品植入个人创作的长短不一的视频中，甚至开始出现网红、主播等新型职业。

事实上，基于人际信任的传播和产品分发正成为新的渠道增长极，社群、直播正是它的表现形式。相较于旅游产品，零售类或者快消类产品在人际分发中的优势更为明显，疫情期间已被各种产品信息刷屏的朋友圈就是最好的诠释。每个人都可以在自己能够连接的范围内去分发信息与产品，这也是社交电商的本质。以往大多数人会是被分销的对象，但如今每个人都可以成为渠道，都可以在他个人的私域范围内去分享喜欢的产品。近年很流行的消费商概念正是在这个背景下产生的。消费与生产甚至与分销之间的边界越来越模糊，每个人都有多种身份。这样的连接方式也给疫情下的旅游企业提供了便利，因为疫情导致的业务中断，能够通过人与人的连接使企业与客户间的关系得以维系，使沟通得以正常进行。疫情隔断了我们生存的物理空间，如何在疫情之下实现与客户之间的隔而不离，成为旅行服务商争取客户流量、保持客户黏性的关键一环。本就处于风口的短视频、直播、社群营销等在疫情之中爆发式增长，众多旅游服务商也开始拓展营销和销售渠道，与客户之间保持不间断的联系。据中国旅游研究院（文化和旅游部数据中心）专项调查显示，疫情期间，21.7% 的旅行服务商通过直播带货的形式拓展销售途径；43.4% 的企业将微信、抖音、小红书等平台作为主要营销渠道。

二、人本身成为渠道

“人本身成为渠道”是大势所趋，是时代的产物。当下，旅游产业从消费结构上来看，有以下两个转变。一是国民人均可支配收入的不断增加、消费观念和消费习惯的进一步转变，消费结构进一步优化，推动旅游产业的发展。二是新生代消费群体成为主流。以“80 后”“90 后”为代表的新生代消费者，具有文化消费多样性的特点，文化产业要迎合大众需求，做出相应调整。文化产业就是幸福产业，是有效满足人民群众多元化、多样化的服务需求的现实需要，是提高人民幸福感和获得感的关键着力点和重要方向。中国旅游研究院（文化和旅游部数据中心）发布的《2019 上半年全国文化消费数据报告》显示，文化消费成为国民消费升级的重要标志，文化消费作为满足人们对美好生活的向往、丰富游客深度体验的重要途径，持续为经济健康发展提供新的动能。数据显示，2019 年民众对精神文化的消费需求首次超过了对物质消费和享受的需求，大众越来越注重无形的商品、无形的服务、无形的文化。我国居民消费模式已经逐渐由模仿型、排浪式消费转向个性化、多样化消费，在量的满足基础上更加注重质的提升。不同于物质消费的刚性需求，文化消费是弹性的，具有“黏性”特点，即某种文化消费一旦产生，就会形成习惯并持续攀升。在总体消费升级的大背景下，庞大的消费人群消费需求由物质消费为主向精神消费为主转型。在互联网文化和技术十分成熟的当下，人和人的交流和沟通方式从单一的“面对面”转变成“屏幕对屏幕”的远程信息传递。这种条件下，微商、直播等利用互联网技术，每个人都可以形成连接，发展成为一种新型营销模式，人本身也就成为了一种渠道。

1. 个人即渠道，私域即公域

产业发展的每一次跃迁式提升都必然以科技突破为依托。5G 技术、VR（虚拟现实）、AR（增强现实）、AI（人工智能）、区块链等数字技术，将深刻改变旅游业，成为驱动文旅创业创新最为活跃的因素，为旅游业的发展提供新的机遇和空间。数字科技也将催生新的旅游需求，5G、人工智能、虚拟现实、大数据更深更广地重塑观光、休闲、度假等旅游消费场景，为游客带来全新的文化和旅游体验。新科技将推动文旅产业的变革，实现“文旅 + 科技”的全面融合的发展。从 O2O（线上到线下）到一机游，从智慧旅游到在线云游，从文化保护到博物馆数字化陈列，文旅产业与科技创新的“化学反应”不断发生，科技对文旅产业发展的推动力也将愈加强劲。疫情进一步激发了蓬勃发展的数字文化和智慧旅游需求，引发在线游戏、阅读、文博、云旅游等新型消费的快速增长。

当下，人已成为一种渠道，人成为连接。公域和私域之间的划分界限有了些许调整。“流量”代表大众的关注点，是公司争取的焦点。任何一家公司，都离不开一个核心问题——流量。得流量者得天下，有了流量才能进行下一步转化，流量就是市场，流量就是用户，流量就是商机。传统的以互联网为依托进行的营销模式大多是对公域流量的争取，如在以搜索流量为代表的百度、360、搜狗等，有效的营销依靠搜索排名的靠前，这样就增加了被浏览和了解的机会。再如，基于兴趣推荐的信息流资讯的今日头条、腾讯新闻等，和地域服务性质的携程、美团等平台，都致力于增大公域流量，增强品牌吸引力。

与公域流量相反，私域流量就是这部分流量属于商家或个人的“私有资产”。而私域流量指的是品牌或个人自主拥有的、无须付费的、可反复利用的、能随时触达用户的流量。这些流量存在于公众号、微信好友、微博、社群、朋友圈、头条号、抖音等社交媒体里，它是一切你可以随时掌控的私人流量池（既私域流量）。它并不是一个新生事物，只是与我们曾经接触的流量相比，更加便于商户或个人使用的流量。比如，之前社交媒体还没普及的时候，私域流量就是客户的联系方式（手机号、邮箱、住址等），想要联系他们时，可以打电话、发短信、发邮件，甚至往他们家寄样品体验。当时这些客户信息甚至都是公司的商业机密。但现在私域流量的划分发生了一定的改变。以微信为例，如想要看某个人的朋友圈，就必须先加这个人的微信成为这个人的好友，然后才有权限去翻看他的朋友圈。这个人的朋友圈中的信息可以传达到他的好友圈。那么这个人的好友圈就可以看成是他的私域流量。正是因为好友圈的建立基于先前的某种交集或了解，个人与朋友圈好友有信任的关系做背书，所以不管是经验丰富的微商人还是微商小白，都可以大大提高交易转化率。

以微信为代表的社交软件为媒介，通过群聊、朋友圈等形式实现了商家与用户之间隔而不离的互动关系，在疫情期间大放光彩。其每时每刻、无处不在、无所不用的特点，打破了传统的时空限制，如今一个微信客户群就可以超越过去 500 个电话所带来的传播效果，提高了营销效率的同时，依靠社交媒体的消费生态系统，可以直接实现链接购买和支付的销售过程。社群营销将一线销售人员直接与客户连接起来，每个闪烁的头像背后都是一个真实的人，他们随时随地为用户提供信息、回答问询、处理问题，为用户营造了一个高效、私域、有温度的社区空间。据中国旅游研究院（文化和旅游部数据中心）专项调查显示，疫情期间，微信等社群营销已经成为其主要的营销渠道之一。把自己的私域流量池做大也就是大家口中常说的引流了。发展私域流量是大势所趋，为用户创造价值是私域流量运营的关键。从用户角度看，新一代消费主力人群的消费需求呈现品质化、社交化、个性化，他们更加注重消费全过程中的体验，精细化的私域运营有利于满足他们的消费新需求，营销方也可以借助消费者热爱表达分享的特点实现营销效果最大化。比如，2013 年开始崛起的小红书和 2016 年开始火爆的抖音，它们利用人们热衷于表达和分享的心理，给用户提供了一个交流的平台，把用户的私域转变成平台的公域。

直播也是把私域转换成公域的一大产物。它是视频与互动的融合，当咨询遇上社交，便是温暖的内心（人际需求）遇到了有趣的灵魂（内容）。直播可以提供详细的产品信息、满足用户个性化需求、与用户发生即时互动，与用户建立良好紧密的连接。直播打破了原有的空间限制，用户基于对主播和内容的喜爱，叠加直播中的价格促销策略，成为旅行服务商新的流量入口。疫情期间以携程集团董事局主席梁建章博士为代表的“Boss 直播”成为风潮，在提振市场信心、带活供应商、带火目的地方面已见成效。

企业中每个人的私域都能发展成为企业的公域。比如，今年被评为“融合创新十大案例”的广东旅控的数字化新媒体营销方式。在疫情的冲击下，广东旅控抓住数字化新媒体营销的风口，开展线上全员营销、开展带货直播活动。广东旅控的 7000 多名员工，人人一下子变成了“店小二”，卖自家的餐饮、客房，卖系统外的农产品。他们做的外卖，白天鹅宾馆的沙琪玛很受欢迎，链接一放上平台很快就被抢光了。2020 年国庆，在公司全员的努力下，月饼销售量比 2019 年同期增长 60%，单白天鹅宾馆月饼就卖了 25 万盒，比 2019 年增长了 3 成。广东省政府、省国资委的领导都在推广广东旅控的营销模式，对其全员营销的模式给予了充分肯定，也对在疫情期间展开奋不顾身的创新自救行为给予了充分肯定。

2. 个人显，组织隐

当人本身成为渠道，个人品牌时代已然到来，无论是直播带货还是社群运营，都是“人 · 货 · 场 · 支付”甚至部分产品瞬时交付的一体化实现，打破时空的限制，指数级放大每个人能够连接到的客户和资源。

基于对 KOL（关键意见领袖）或一线工作人员的信任，消费者在直播平台或社交软件媒体之中实现无接触式消费。这种打破时空界限的连接，随时触达消费者，实现销售转化和品牌积累；这种以多次合作为信任基础，以人与人之间的情感连接为触手的营销模式，使旅行服务商不断积累了客户黏性高、获客成本相对较低的私域流量。

在新型营销模式下，品牌以个人的形式在前端显示，但后端仍然有强大的团队运营支持。原来是企业在前端打品牌，后面是人的支撑，现在是主播网红企业家在前端，组织和供应链的支撑在后端，企业品牌与个人品牌开始并行。以携程集团董事局主席梁建章博士为代表的“Boss 直播”成为风潮，在提振市场信心、带活供应商、带火目的地方面已见成效。根据携程公布的第二季度未经审计的财务业绩，其第二季度的营业收入为 32 亿元人民币，远超出公司第一季度给出的业绩指引。值得关注的是，依靠“Boss 直播”为核心的直播体系，在 6 个月时间里累计创造了超过 17 亿元的交易额，开启了疫后复苏的大幕。无论是直播、短视频还是微信群，都将信息传递的渠道回归到人。诸如此类的还有市长直播、局长直播，不仅是企业家在用个人 IP 为企业回血，很多目的地政府的官员也开始尝试这样的推介方式和扶贫模式。疫情期间，多地的农产品出现滞销的现象，在各级政府的鼓励下，“明星直播带货”浪潮也是短暂借助明星 IP，为农商带去希望。

三、“优质产品（内容）即流量”从未过时

1. 渠道千变万化，优质产品（内容）才是核心

旅行服务业在经历了一轮又一轮的技术变革后，营销方式和营销渠道也在不断多元化。无论产品分发的渠道如何变化，优质的产品是永恒不变的核心；无论营销渠道与手段如何变化，优质的内容始终是传播的核心，也是能够带来流量的核心吸引物。

供给与需求的错位始终存在，多数产品和服务呈现同质化的竞争状态，用户可选择的替代性产品不断增加。在这个消费升级的时代，品牌营销以消费者为中心，而消费者购买商品时越来越侧重于产品的体验、情感附加等，这就需要品牌在研发的后期，进行推广时充分考虑用户的需求。好的产品体验自然是能够加分不少，而正确利用内容来进行传播，对品牌推广来说是一个重要因素。从营销导向的演变历程来看，先后经历了生产导向、产品导向、推销导向三个传统导向阶段，其主要特点是企业由内向外看市场，企业生产什么便向市场销售什么，进入到现代市场营销阶段后，营销导向主要包括市场营销导向、社会导向与顾客导向。其中市场营销导向通常是把市场需求看作一个整体，或最多

存在几个细分市场，然而顾客导向则强调企业需要满足每个顾客的个体独特需求，并且用定制化的方法来为每位顾客提供不同的产品。营销服务有助于品牌的推广，当前对营销服务也相应地有了更高的要求。营销不再停留在单纯的产品服务信息推广上，而是要以用户为核心，更好地满足用户需求，为其提供价值。

纵然营销服务再好，产品的品质与内涵达不到用户的标准，用户也不会再次选择。归根结底，无论先前的营销模式怎么变化，未来又会如何发展，品牌的竞争就是优质产品的竞争，是优质内容的竞争。只有高超的营销模式，却缺乏优质内容时，营销会适得其反，反而会对品牌起到负面影响。这是因为用户获得的实际体验远低于预期效果，进而对品牌产生不好的印象。在先前不满意的消费体验后，当用户面临二次消费时，则轻易不会再次选择此前的品牌。相反，优质的内容会增加用户再次选择的概率，在先前的满意消费体验中，用户面临第二次选择时会倾向于再次选择该品牌。好的营销以优秀的产品为基础，产品即内容，好的产品想要激发消费者的情感并不是什么难事。优质满意的消费体验不单单可以增强客户黏性，也会给品牌带来消费者的口碑宣传，让此前消费的用户成为该品牌免费的“自来水”。这种情况下，此前消费的用户会把该品牌推荐给身边的亲戚和朋友，为品牌带来潜在的新用户。在信息大爆炸的时代，信息不对称等现象已成为过去式，人们足不出户就能轻易获取产品信息，“货比三家”、选择出最合适的品牌。在这种条件下，单纯依托渠道投放、硬广展现已成过去，优质内容传播早已成为品牌营销的主流趋势。

故宫博物院用心钻研，致力于展现优质内容，在品牌推广上取得一定成就。故宫博物院经过 6 年时间的探索，共创设 10500 件原创故宫文创用品，努力贴合日常生活，极具实用性、趣味性。故宫通过故事化、情境化、立体化的呈现，揭示出文物蕴含的历史文化价值。从 2013 年至 2018 年，故宫自主研发出品的 App 共有 10 个。从故宫出品的这一系列 App 来看，故宫从 2013 年开始布局手机移动端，利用移动互联网为游客提供景区服务以及藏品介绍与展示。除此之外，还为部分文物“量身定做”轻交互内容，将文物文化的知识性与趣味性相结合，使之更容易被年轻人接受和喜爱。比如，借助 3D 技术还原悬心炉的构造：用户可以随意滚动球形的熏炉，其中盛香的小碗却怎样都不会翻倒，以此感受机械构造之巧妙。类似这样量身定做的交互小“彩蛋”隐藏在 App 各处，可以说处处有惊喜，让用户通过探索把知识的传递变得好玩又有趣。《紫禁城祥瑞 PRO》App 借助移动端，通过祥瑞符号的动漫化，找到了适合年轻人的审美与文化需求的载体，同时又深耕内容的表达，让传统文物在新时代中再次发声。故宫博物院通过多年持之以恒的努力，致力于还原每一件文物的全部细节，本着“匠心”为线上用户提供优质内容服务，使得故宫成为部分人心中的“打卡”之地。

2. 内容营销能降低成本，增强黏性

随着经济和科技的快速发展，各类商品的增长已经处于饱和的状态，消费者从以前的无可选择，变为今天的无从选择，消费者在选购产品时，不再只是单纯考虑商品本身的价值，还考虑产品的附加价值，如颜值、情感等。在消费升级的情况下，内容营销十分有必要。

内容营销（content marketing），指的是以图片、文字、动画等介质向客户传递有关企业的相关内容，进而促进销售。内容营销所依附的载体，可以是企业的 LOGO、画册、网站、广告，甚至是 T 恤、纸杯、手提袋等。虽然传递的介质（载体）各有不同，但是它们所传递的内容的核心是一致的。有效的内容营销不需要做广告或做推销，就能使客户获得信息、了解信息，并促进信息交流。

乐高的内容营销是通过多渠道、多方式展开进行的。乐高在内容中成功地传达了深层的品牌理念：哪怕是成年人，依然可以施展想象力，也依然可以搭建“乐高乐园”。乐高将内容创造交给用户，让用户参与到产品、内容的创造过程中。这可以让用户感觉自己成为公司成就的部分，换来更高的品牌忠诚度。乐高围绕品牌构建了兴趣社区。在乐高的网站上，通过视频、图片以及留言板，用户有机会认识其他有相同爱好的人，乐高还会经常邀请全球的俱乐部会员参加聚会，把拥有相同爱好的人们聚集在一起，分享彼此的故事。这样可以建立起个人化联系的途径，在浏览网站的同时，增加了人情味，同时也增强了客户黏性。除了构建社区，乐高还通过举办比赛或鼓励投稿的方式鼓励用户创造内容。乐高招募超级玩家，甚至是经常光顾的卖家参与到设计的过程中。内容营销战略是不可忽视的力量。找到适当的方法，让自己的品牌融入时下热点事件，正确的操作可以让品牌营销事半功倍，不单可以节省下营销推广费，还能创造更大的品牌价值。

熊本熊以 IP 为中心，成功地进行了内容营销，用较少的营销成本，实现了品牌创收最大化。熊本熊本来没有任何表情，这就赋予了人们遐想的空间，激发了网友的表情包创作热情。当各式各样的熊本熊表情包席卷了我们的朋友圈、微博时，这就说明熊本熊已经被熟知，品牌知名度已经打造起来了。

虽然营销渠道和方式层出不尽，但以移动端作为载体的网站营销仍然占据一定位置，仍然可以达到有效推广的作用。当内容做得好了，品牌可以省下很多包括广告费在内的推广费，不用依靠买百度流量来获取靠前的百度排名，如 Cervelo 自行车。20 多年来，Cervelo 的目标很简单：那就是设计出世界上最快的自行车。对于骑行爱好者而言，无论对方是一个大环赛的赛车手、铁人冠军，还是业余骑行爱好者，Cervelo 都知道对方的需求并且致力于满足客户的需求。可以说，Cervelo 是近现代最富科技感的自行车品牌。Cervelo 品牌在网站设计上注入了很多心血，网站上的内容极为丰富。当人们想了解自行车和赛事相关的知识，在网页上一搜索就自然转到了 Cervelo 的网站上去了。即使不采用搜索引擎营销的方式，Cervelo 也依然出现在检索列表的前端。

四、从定制师到经纪人的猜想

随着需求个性化、碎片化的趋势愈演愈烈，定制游市场已呈现快速增长态势，也是疫后增长最为显著的细分市场。伴随着市场规模的增长，定制师等新的职业开始显现。2019 年 7 月 9 日，中国旅游研究院（文化和旅游部数据中心）发布《2019 中国定制旅行发展报告》，指出定制旅行作为介于传统跟团游与完全自由行中间的旅行方式，已从概念走向市场，从高端走向大众，为日益众多的游客所享，应运而生的定制师成为旅游业的新兴职业。需求导向出发的服务理念、天然的基于游客评价的资源优筛机制、供应链端的整合与创新，使定制旅行成为旅游业高质量发展的推进器和有效抓手。在发布会上，携程还发布了《携程定制平台供应商管理标准》和“携程 C+ 定制师培训项目”。

2020 年 9 月 1 日，中国旅行社协会标准管理委员会批准发布《旅游定制师等级划分与评定》团队标准，在大众定制旅游时代为旅游定制师的从业资质、知识要求、技能水平等提供了评价的标准，有利于推进定制旅游市场的规范化发展。

如果再向前畅想，我们相信旅游定制师也会随着市场的成熟迭代升级。现有的旅游定制师就职于某一旅游企业，在为客户进行产品设计时，产品全部来源于自家企业的产品库，实际上限制了定制的自由度和选择面。未来，在强大的供应链体系和数字化技术的支持下，类似“旅游经纪人”的买手模式也会出现。他们与现有的旅游定制师的关系类似于保险经纪人和保险代理之间的关系。旅游经纪人不隶属于任何一家旅游企业，因而更加代表客户利益，从不同的旅游企业中选取和组合旅游产品，生产出更符合客户需求的产品（图 4）。

旅游定制师

属于某一家旅游公司

所选产品来源于一家旅游公司

需要了解自家旅游产品，以及大量的销售技巧

定制旅游产品的个性化相对较弱

在售后服务中，主要代表其所属旅游企业与顾客进行对接

VS

旅游经纪人

不属于任何一家旅游公司，只为客户而服务

从不同的旅游公司进行产品选择和组合

要了解各家公司的主流产品，时刻更新产品数据库，同时要掌握各方面知识，为客户提供咨询、销售、售后、保障等服务

定制的旅游产品个性化和差异化更加明显

一旦出现维权，能够作为独立的第三方，替客户与旅游企业进行协商和维权

图 4　旅游定制师 VS 旅游经纪人

第四章

供应链变革

Chapter 4

Innovation of Supply Chain

供应链正从隐藏于企业背后的支撑能力，外显为一种端到端的服务能力。数字化对于供给侧的初级变革更多地体现为人和线下流程的上网过程，其特征是以人和人设计的流程来驱动系统和业务本身，而当前的数字化战略对于供给侧的改造已进入数据智能阶段，其逻辑是以数据来驱动人和业务。数字化转型中重构的供应链体系正成为决定行业效率和企业竞争力的核心焦点，它支撑着整个行业从传统的经验驱动进化至科技驱动的现代服务产业。

一、由隐到显的供应链

1. 革新供应链，以大数据和数字化驱动供给

从供给侧看，传统的旅游资源、资本和人力要素边际报酬已然衰减，或者说需要重新激发，而数字化转型中重构的供应链体系正成为决定行业效率和企业竞争力的核心焦点。数字化对于供给侧的初级变革更多地体现为人和线下流程的上网过程，其特征是以人和人设计的流程来驱动系统和业务本身；而当前的数字化战略对于供给侧的改造已进入数据智能阶段，其逻辑是以数据来驱动人和业务。

正如旅行服务业演化路径显示的，从旅行服务商最开始简单地把线下产品放到线上售卖，到如今线上线下打通、构建物理世界与数字世界的反馈联动闭环，已无法分清是线下支撑了线上，还是线上赋能了线下，两者成为不可分割的整体。这既不是简单地从线上走向线下，也不是简单地上云上 5G，而是整个行业从传统的经验驱动进化至科技驱动的现代服务产业。

2. 数字化供应链提供及时服务

当前，游客需求复杂多变，游客的耐性下降而好奇心上升，游客越来越喜欢边走边订的旅行方式，对需求的响应速度已对传统供应链提出了巨大挑战，而数字化为解决这一难题提供了切实可行的方案。供应链正从传统企业内部的支撑能力，演变为一种端到端的能力。过去，消费者很少能感知到企业背后供应链的存在，原因在于供应链对消费者是不触达的，他们只能看到分销的产品与服务。但是现在，上午订购旅行产品下午就能旅行，马上要出发了才想起咨询定制师，这些即时交付服务的能力都来源于新型供应链的支撑。企业如果无法快速满足这些需求就可能面临投诉，甚至是客户流失的风险。

事实上，供应链正从企业内部的一个支撑部门向客户端延伸，衍生出新的

价值和服务模式。以定制游为代表的服务模式正是基于更短更智能的供应链才得以降低成本，走向大众。旅游业细分市场的崛起和大众型产品需求的下降，要求供给侧具备前所未有的服务能力，而数字化新型供应链的发展，正是未来服务细分市场的基础和全新模式。不同细分市场的要求不同，只有基于柔性智能的供应链体系，才可能实现及时交付。

3. 敏捷的旅游供应链

目前，游客散客化、定制化、及时化的消费需求已成为旅游市场的主趋势，这对旅行服务商的供给提供了更高的要求，需要旅游供给商具有多样化、个性化、动态化、及时性的供给能力和服务能力。游客多样化的需求与个性化的服务特征使得敏捷供应链和柔性服务成为至关重要的竞争因素。因此，传统的供应链运作与管理模式必须向柔性化、数字化、敏捷化方向转变，通过对上下游供应链的革新和优化以促进不同旅游企业间的高效、快速联合，提高旅行服务商的供应链对市场变化的快速响应能力、敏捷供应能力和柔性服务能力。

旅行服务企业作为各种旅行服务的集成商和分销商，是连接旅游上下游各产品供给端的纽带，必须实时地以旅行者的需求为导向实现企业的创新转型，通过转型成为新型敏捷供应链的核心旅行服务企业，从传统的纵向一体化供应链方式或单个企业独立运作的供应模式转变为多边合作的供应链运作模式，促使整个供应链获得领先的竞争优势，并进一步促进供应链创新能力的提升。通过打造智慧化的敏捷供应链，将旅行服务商的角色由单一的旅游中介组织、平台拓展为满足旅行者需求的松散式、小团式、个人定制式、多点式的旅游顾问、旅游定制师、度假助理，利用数字化技术强化线上和线下旅行服务商的合作，进而整合不同旅行服务商的优势资源，为旅行者提供便捷和及时的旅行服务、旅游住宿、旅游交通产品。

二、短链化的供应链

1. 旅游产业的短链路正在形成

传统的供应链结构呈现的是一个独立的直线式交易形式，短链运营会使得旅游产品的设计过程呈现扁平化，提高沟通效率，设计出满足游客消费特点的个性化产品，游客能够更便捷地获得相关服务，旅行服务企业也能够简化生产步骤，从而提高生产效率。供应链变短之后，运营的效率更高、成本更低。服务提供者就可以更快地了解消费者的需求，从而使服务提供、产品设计更精准。供应链变短使得旅行服务企业重构生产者、消费者、服务提供者这三者的价值链，对价值链上的利益进行再分配，最终让价值链上的各利益相关者都受益。采用轻资产、开放的模式聚焦“上游资源方”和“消费者”，打造旅游产业的短链路。

供应链条缩短，旅行服务企业会扩大直采业务，在垂直领域整合方面不断取得进展，最终提升毛利润率。如携程、途牛、同程的角色也在发生着转变，致力于打造产业更短的供应链，以使自己与供应商、消费者的距离更近。如大的旅行服务企业，一方面，收购上游产品供应商，以缩短企业的供应链条，另一方面，扩大企业的直采业务，减少中间环节，最终提升毛利润率。如旅游直播作为一种带货营销方式，考验的是旅游企业的供应链能力，看谁能拿到最优价的产品。如抖音“云端旅游局”通过“直播 + 旅游”不仅满足了用户的旅游需求，而且能够更加精准地触达受众，更以实时性、互动性和真实性带来更好的体验感。在 2020 年的清明小长假期间，横店影视城、沙坡头旅游景区、河南老君山风景名胜区等景区通过直播销售产品，直达消费者，缩短了产品供应链条。通过直播，商家在与“云玩家”的对话中，可以更加了解消费者的口味，以设计出更符合消费者需求的产品。通过线上直播带动线下实现双向导流，将推动旅游供应链的转型变革。对于旅行服务企业来说，牢牢把握住资源端和供应链，在产品和供应链上做出差异化，才能在市场中具有竞争优势。

2. 去中介化，直连消费者

互联网技术对多数行业的变革都体现为去中介化的过程，也就是供应链变短的过程，旅游也不例外。航司、酒店、景区的直销冲动，平台和下游企业对资源的直采需求，都表明了整个旅游供应链的短链化趋势。DTC（Direct to Consumer）浪潮悄然兴起，DTC 是指通过全自营渠道销售产品，借助消费者数据（customer data）和技术，为消费者提供端到端的超预期品牌体验，通俗来讲，就是去中间商，不赚差价。不断进化的信息智能新技术使得企业与消费者直接建立联系成为可能。以 DTC 为新型商业模式的新锐品牌正在崛起，它们去中间商，以终端消费者为目标，以更低价格、更高质量接近消费者，它们更关注消费行为、更重视消费者生活形态，把握着多种运营优势，正在成为一种强大的新生市场力量，冲击颠覆着传统“间接品牌经济”。

DTC 正在以一种全新的商业思维方式：多接触点、消费互联和新营销技术，更广泛地影响着传统企业的业务经营战略，重塑全新的产业与市场生态格局。DTC 有着天然的互联网基因，不同于传统的旅游产业层层分销的产品和服务体系，DTC 让这个链条变得极短。每个企业不仅可以作为别人价值链的一环提供产品服务，更可以自成一体，成为一个销售中心，以消费者为终端进行生产、销售、营销传播、零售、售后服务和体验等活动。DTC 的浪潮正在深刻地改变着旅游产业，DTC 模式的广泛应用，不断缩短旅游的供给链条，提升旅游服务的响应速度。在传统旅游供应链上的每个角色，无论是上游资源供应商、批发商，还是组团社、地接社等都在或多或少地越过某些中介角色，试图直接接触消费者。2020 年 4 月下旬，小红书与“订单来了”达成合作，为民宿企业号开通直接预订功能，并能直接在小红书 App 内完成交易闭环。目前，累计有 200 多个民宿商家开通直连小程序，成交额飞速增长中，5 月的订单 GMV 已经超过 2019 年全年总量，预计 6 月民宿订单 GMV 至少环比增长 300%。而小红书直连订单来了后，则意味着上线的民宿商家们在小红书上多了一个直销渠道，在一定程度上实现去中介化，实现产品直达消费者。

在出游方式多元化、内容需求碎片化、决策时间缩短化的趋势下，从资源端到客源端中间的传统批零体系正受到挑战，因其链条长、反馈慢而制约了对需求的响应速度和创新能力。在定制游、小包价、碎片化预订等趋势的驱动下，传统旅行服务链正向着更短、更智能、更柔性的“短链路”模式转变。互联网技术的去中介化仍然在主导旅游业的变革，在全球“直客浪潮”的影响下，无论批发商、组团社、地接社都有更强的动力去直连游客，并且在获客成本不断攀升的竞争中，学会从简单“获得顾客”到全面“运营顾客”。最终是要回归服务本质，增强获客能力。市场会越来越分散，如何去精准地到达客户变得非常重要，否则更多的营销成本会被浪费，而最可怕的是不知道浪费在哪里。回归到客户，基于用户痛点去开展引领式的创新。资本式的扩张可能更多的是水平层面的，真正的基于用户的创新是有深度的、本质化的创新。精细化的运营至关重要，现在的营销和运营已经密不可分。后端精细化的高效的运营、前端精准的获客，同时能够提供一些温暖的、差异化的服务，是未来留住客户的一个很重要的能力。

三、从供应链到生态圈

1. 向资源端布局，共建生态圈

旅行服务企业在资源掌控方面正在从传统的中介服务者，升级到当地玩乐定制生产的产品供应者。作为集成目的地资源的地接社，也正在突破“来料加工被委托”的传统模式，转向“主动出击打品牌”。面对当代游客分层、分众、个性和碎片的非标准化需求，对市场和资源两端均有深刻理解的旅行社，通过对车辆、导游、餐馆、商场、度假村等“胜负手”资源的掌控，加上对小众化的日常生活场景的理解，直接介入产品研发和服务优化环节，重塑旅游价值链，甚至会重构旅游生态圈。那些控制了稀缺的应季食材、小批量的红酒和雪茄、游艇码头和文化演出的旅行社，则会通过合理的要素组合和服务增值，借助资本和品牌的力量，为市场提供多元化的产品、灵活的价格和创新的营销策略，进而实现与目的地的有机共生。对于在线旅行服务平台，如“携程开放平台”全新升级，对广大小 B（小型商户）、KOC（关键意见消费者）开放。私域流量与开放平台合力，搭载携程 17 个产品线的强势供应链和服务保障，将有效赋能行业小供应商，共建旅游营销生态圈。

2. 从取悦到共生，实现价值共创

旅游供应链的导向经历了阶段性变化：第一阶段是由生产者到消费者，即我有什么，就给你什么，是一种单向由生产商指向消费者。即旅行社根据可配置的资源组合出产品销售出去，是旅行社卖什么产品，消费者就买什么产品。第二阶段是由消费者到生产者，即你想要什么，我给你什么。从消费需求出发，以客户为中心。即在跟团游和自由行时代，是以游客为中心，设计满足其需求的产品；是用户想要什么产品和服务，旅行服务企业都尽力去满足。第三阶段是消费者与生产者双向互动，我们共同讨论我们创造什么，实现由链到圈的互动。面对顾客需求的多样化和个性化，促使顾客成了需求的发起者和价值创造的参与者，C2B（消费者到企业）的模式正在兴起，传统 B2C（企业到消费者）模式面临严峻的挑战。在此背景下，旅行服务企业作为产品和服务的提供者，是需要和顾客一起商讨设计旅游产品，让顾客参与价值创造，二者成为命运共同体，打造由价值链到旅游生态圈的共生组织。旅游生态圈的共同创建，会进一步提升价值链整合能力、组织核心能力和技术创新能力等。

生产与消费边界打开，实现价值共创。价值是由企业与客户共同创造的，

在旅游业，游客在价值链和产业链中扮演着越来越重要的角色，成为价值共创的参与者，旅行服务商需要更加精准衡量游客参与价值共创的行为。每一种客户行为类型皆有四个因素共同影响，其中，参与行为有信息获取、信息分享、责任行为、个人互动四个因素。生产与消费边界打开，使得游客和企业的角色被重新定义。不再是简单的买卖关系，而是合作共赢的伙伴。比如，定制旅游，游客会为旅游产品的设计提出很多建议，企业根据这些建议设计个性化的产品，因此受到消费者的喜欢。整个过程中旅行服务企业不再是唯一的主导者，消费者在其中也起到重要作用，成为旅游产品设计的重要参与者，这个过程实现了企业—消费者价值共创。企业不再是产品价值的核心，消费者也不再是被动地接受，双方变成了价值共创共生体。

四、供应链变革带来的挑战

1. 降低了行业进入壁垒

供应链变短让信息变得更透明，会使得旅行服务业的进入门槛降低。一方面，旅行服务企业可以为消费者直接输出大批量高品质、低价的商品；另一方面通过大数据等技术对销售进行预测、指导旅游产品。对于消费者而言，能以更低的价格买到旅游产品。尤其是不同于跟团游、自由行的定制旅游，单纯依靠资金、技术、品牌不能完全赢得市场竞争，资源供应链整合是其中重要的壁垒。供应链变短使得企业更容易掌控上游的各种资源以及下游的信息流、资金流、消费流等；尤其是对目的地供应链的整合变得更加容易，更进一步降低行业的竞争壁垒。在数智信息化时代，企业根据各地面服务商和产品供应商的服务能力标签，搭建适合企业的供应链数据平台，是企业建立护城河的关键。目前，供应链整合能力对于旅行服务企业而言非常重要，企业要在充分了解供应链各个环节和相互衔接情况的基础上，才能充分调动和整合优质的上下游资源，形成强大的行业整合能力。而供应链变短，使得中间环节和衔接点减少，企业就更容易进入旅游行业建立一套供应链管理模式。

2. 跨界而来的市场主体自带生态圈

虽然疫情之下旅游业濒临低谷，全国有近万家旅游企业被迫关门，但滴滴、拼多多、京东在疫情期间战略进入旅游业。早在 2019 年，拼多多就在其 App 和小程序端上线了购买火车票、机票的服务，在疫情期间又上线“非遗购物节”“云游中国”直播，目前已有了可为用户提供的包括国内游、出境游等热门旅游目的地产品和服务。随着本地休闲度假消费场景的崛起，小红书也加快对旅游行业的渗透。一是先后和订单来了、小猪短租合作，实现民宿直连预订。二是端午节前后，在上海、广州、西安、成都4座城市及其周边开展“种草周边游”直播，并发布了《2020端午小红书旅游趋势报告》。比达咨询发布的《2020上半年度中国旅游行业发展分析报告》显示，上半年在用户旅游决策方面，小红书超越携程、飞猪、马蜂窝、同程等旅游决策平台，排在首位；在用户偏好记录和发布旅行内容上，小红书超过抖音和微博；在旅游决策入口综合竞争力上，小红书在“出行后内容发布意愿”“更新频率快”“内容覆盖面广”“出行中使用评价满意度”“内容个性化”五个维度均保持领先 。

2020年5月20日，滴滴出行的关联公司北京桔财动力科技有限公司出资5000万元成立了北京小桔国际旅行社有限公司，滴滴新成立的这家旅行社，经营业务范围包括了境内旅游业务、入境旅游业务、旅游信息咨询、火车票销售代理、航空机票销售代理、会议服务、酒店管理、餐饮管理、汽车租赁等。此外，京东也在加大对旅游产业的布局力度，早在2019年4月，京东就成立了北京京东云河旅行社有限公司，注册资本300万元，该公司经营范围涉及旅游咨询、入境旅游业务、境内旅游业务等，疫情期间和凯撒合作，能够加大对旅游全产业链的布局，也将在一定程度上为京东的自营旅游业务打基础。支付宝和中国铁路合作，上线12306官方小程序，而这是12306继官网与App之外的首个站外官方渠道。不少媒体对于这场支付宝与12306之间的合作，用上了“没有中间商”这个评价。如果用支付宝购买火车票有良好的体验，将会对携程等将票务作为重要收入来源的在线旅行服务商造成一定的影响。

旅游消费的持续增长诠释了众多企业跨界进入旅游领域的原动力。2010—2018年，国内旅游人均花费由598元增长到926元，尽管一线城市仍然是旅游消费的主力，但三线、四线城市居民在旅游消费上的潜力在逐步显现。飞猪报告显示，2018年，三线、四线城市居民出游人数同比增长超30%，伴随的是旅游消费的高速增长，其中广东、陕西、甘肃增长尤为显著。随着市场下沉，城市周边游、乡村生态游迎来增长的爆发期。从供需情况来看，央行数据统计显示普通百姓有19%的家庭支出用于旅游，这说明旅游已经从小众市场转向大众市场，逐步成为国民大众日常生活常态化的生活选项。总之，跨界而来的主体越来越多，旅游业边界不断打开，加速与其他产业的融合。旅行服务业外延正在不断扩大，旅行服务商从以传统旅行社为主的单一形态，已然转向包括传统旅行社、在线旅行服务商（OTA）、专业俱乐部、票务代理、跨界企业等多业态、多主体共存的融合发展状态。这些跨界而来的主体，往往原来已在某个细分领域里积累了成熟而同质化强的客源，如体育赛事、户外运动、文化体验、房产交易、律所服务、保健品等运营主体，他们也开始意识到这些专业群体的出游需求，并开始注册旅行社资质，以更专业的产品和服务去满足其所经营的细分市场的旅游需求。

3. 企业数字化转型势在必行

2020年11月30日，文化和旅游部、国家发展改革委等十部门联合印发《关于深化“互联网＋旅游”推动旅游业高质量发展的意见》（以下简称《意见》）。《意见》指出以互联网为代表的现代信息技术持续更新迭代，为旅游业高质量发展提供了强大动力。要坚持技术赋能，推动5G、大数据、云计算、物联网、人工智能、虚拟现实、增强现实、区块链等信息技术革命成果应用普及，深入推进旅游领域数字化、网络化、智能化转型升级，培育发展新业态新模式，推动旅游业发展质量、效率和动力变革。鼓励旅游景区、旅游饭店、博物馆等与互联网服务平台合作建设网上旗舰店，实现门票在线预订、旅游信息展示、会员管理、优惠券团购、文化和旅游创意产品销售等方面功能。在这种背景下，企业数字化转型势在必行。数字化正与其他要素叠加，成为旅游发展的新动能。数字化技术在文化和旅游行业广泛而深度的应用，潜移默化地改变着游客的需求、行为与体验，解构了传统供应链下各类旅游企业的边界，大幅提升了文化和旅游的智能基础设施建设和公共服务效能。

目前，5G、4K、IoT（物联网）等新科学技术将对未来的文化休闲和旅游消费产生革命性影响，重塑文化和旅游产业赖以生存和发展的资源基础。数字化技术的出现让旅行社、饭店、景区、购物等传统行业的边界趋于消失，全新的旅行服务、旅游住宿、旅游吸引物、旅游交通等产业正在以“主客共享”的名义得以重构。依托智慧城市、乡村旅游和公共文化的发展，面向散客的“管家式”云服务技术集成，连接乡村旅游供求并促进市场转化、丰富夜间旅游和景区感知的数字化等关键共性技术，将会获得更多的公共投入和商业资源。因此，旅游供应链也要拓展到提供商业性服务或者公共性服务的要素，构建为旅客提供旅游服务和旅游产品的供应者的集合。一些新的旅游供应链节点被逐步纳入供应链网络中，如在线旅游支付结算金融部门、社会第三方专业服务机构等。中国旅行社协会联合大童保险服务、12301平台等共同打造“中旅保平台”，通过资源共享、优势互补、业务创新，提供更优质、更全面的保险金融服务，构建多层次、多元化、多功能的旅游保险保障体系，助力推进企业风险防控管理和保险金融服务创新。

4. 企业需要重新审视自己的价值

当旅游供应链朝着更短的趋势变化，势必导致某些原有链条上的企业会失去生存的空间，要么转型，要么被淘汰，亟须重新审视自己能够提供的价值。在旅游产业快速变革的背景下，旅游企业要优化资源配置，优选经营方案实现价值增值，为游客带去增值服务。旅行服务企业要利用自己的优势，整合服务与产品、信息、资金等，制订满足游客需求的产品组合、销售模式、合作方式，实现自己的价值。中旅旅行与北京市东城区文化和旅游局合作，深挖东城旅游资源，推出“故宫以东”系列文化主题产品。2020年“故宫以东”合作项目产品包括“故宫里的小怪兽”、“天坛声学与建筑奇迹”、“器晤华夏”国博课程、“国风匠心景泰蓝体验制作”和“游戏京城之寻玉记”等9款旅游产品，涵盖了东城区众多的文化和旅游资源，既有故宫、天坛、雍和宫和孔庙等名胜古迹，又有国家博物馆这样的文化地标和北京珐琅厂等“非遗”项目传承地，还有五道营胡同网红打卡地和特色美食餐厅。一系列小而美的旅游产品既顺应了疫情常态下亲子家庭出游的需求增加，又以深厚的文化底蕴和丰富的互动体验为内容，配以“有品质、有温度”的服务，寓教于乐，“游”“学”并举，一经推出便获得了游客和市场的广泛好评，多款产品销售火爆。

游客参与的合作生产为游客价值创造了新的增长空间，实现企业和客户之间的价值共创。对于处于供应链核心地位的旅行服务企业来说，要创造和消费者之间的互动沟通链条，吸引游客参与旅游产品和服务的开发设计，在旅行者出游前、出游中、出游后的不同时段和多个接触点上，分别实行需求预测、服务提供与产品交付、实时监督和及时反馈等，充分了解消费者对旅游服务和产品的评价、意见和建议，让消费者参与旅行服务提供的全过程，获得持续的信息用于旅游产品和服务的改进，并针对现实情况创造出具有差异化和个性化的旅游体验。此外，在旅游供应链上创建更多辅助产业进行旅游活动增值，从而打造更加完善的旅游生态圈，不断地为旅游行业发展注入新活力。

第五章

关于旅行服务业观念的破与立

Chapter 5

“Destruction” and “Construction” of travel service industry’s concepts

当我们将视野拓展至旅游业之外，能够看到每一个行业都会有成熟的头部企业，他们曾经风生水起、叱咤风云，他们面对新的竞争和环境也忧心忡忡、寻求变革；每个行业里都有稚嫩的新兵，他们可能还在学习行业的既有规则，但他们在用自己的逻辑、勇气与创新，去打破旧例，塑造新的规则与秩序，这两种力量共同构成了产业生态，在竞合互动中共同推进了行业发展。

一、广义旅行服务业内的创新从未停止

广义旅行服务业内的创新从未停止包含两层含义。一是指在狭义的旅行服务商内部的创新始终在进行，传统旅行社和 OTA 的产品创新、模式创新并不是疫情之后才开始，更加有文化感、有体验感、有科技感的细分产品不断被研发出来，满足碎片化个性化的分层需求。

瞄准住宿市场，携程除直播带货外，已推出两款新产品，分别是“午夜房”和“旅途睡眠实验室”。一方面，“午夜房”瞄准的是加班群体、年轻人夜游、凌晨落地、早班机出行、航班中转客人的细分群体，存在巨量临时过夜需求，另一方面相当于将酒店原本闲置时段的房间变现，增加了酒店收入。事实上，机场、火车站、地铁枢纽站附近，凌晨房的搜索量一直很高。据报道，“午夜房”上线后，数天内，重庆、广州、成都、北京、大理、深圳、丽江、西安、杭州、上海、武汉、长沙、昆明、厦门、贵阳、天津、苏州、郑州、南宁、三亚等地开通“午夜房”的高星酒店，夜间订单平均提升 67%；25~35 岁的年轻人成为消费主力军；机场、高铁站、酒吧街、美食街、医院、CBD、大学校园、互联网公司周边，“午夜房”热度高。其后，携程酒店大学与梦百合正式成立“旅途睡眠实验室”，致力于“让旅客多睡 1 小时”，探索如何让客人有更好的睡眠体验，并为酒店赢得更高评分。携程数据显示，在山东地区“零压房”入住客源中，女性“回头客”占 60%。年轻人不只将酒店当作睡眠空间，酒店应探索多元玩法，让标间变得“不标准”，才能契合年轻住客需求，提高酒店收益。

在全行业遭受重创的情况下，同程艺龙是 2020 年度为数不多实现盈利的旅游平台，公司业绩及各项运营指标恢复水平均领跑同行，在拓展本地生活服务的同时，同程仍在稳步推进向智能旅行管家转型，通过技术手段不仅赋能了业务，还加大了平台提供旅游产品的供应商和平台用户黏性，牢牢把握住产品供

应端和需求端，同时，该公司在两端辐射到更多的领域，供应端加大服务品种，扩宽收入场景，需求端下沉市场，获取低线城市用户的需求。截至2020年9月，该公司住在中国非一线城市的注册用户约占总注册用户的86.1%，在Q3（第三季度），微信平台上的新增付费用户中约67.2%来自中国三线或以下城市，同比提升3.9个百分点，在交易层面，其酒店间夜量在低线城市同比增长近30%。

二是消费需求的演变叠加技术变革对旅游业的深度改造，使得旅游业正不断打开边界与其他产业融合，使得旅行服务业内的供给早已突破了传统旅行社的单一业态，走向包括传统旅行社、OTA、专业俱乐部、跨界企业等多业态、多主体共存的融合发展状态。沿着旅行服务创新的方向，正有越来越多的市场主体跨界而来。

即使在疫情之下，滴滴于2020年5月20日注册成立北京小桔国际旅行社有限公司，程维为实际控制人，经营业务范围包括了境内旅游业务；入境旅游业务；旅游信息咨询；火车票销售代理；航空机票销售代理；会议服务；酒店管理；餐饮管理；汽车租赁（不含九座以上乘用车）；经济贸易咨询；设计、制作、代理、发布广告。事实上，滴滴在2019年4月已成立了北京桔财动力科技有限公司，经营范围与小桔国际旅行社有限公司相似，在2018年7月就与在线旅行及周边服务平台Booking Holdings达成战略合作关系。Booking Holdings旗下的App将为用户提供滴滴叫车服务接口，而滴滴的乘客也将可以直接通过Booking.com或Agoda平台预订酒店住宿。

当我们放宽旅行服务业的范畴，将目光从传统旅行社放大到所有提供旅行服务的供给方，就会理解不是旅行服务业当下亟须转型，而是广义旅行服务业内的创新从未停止，新的市场主体从未停止进入，只是可能不再冠以旅行社这个名字。从工业文明到数字社会，旅行服务业的数字化进程与商业创新从未停止，从线下到线上，从门店到社群，数字化正与资本、知识、创新等要素一起，激活传统文化和旅游资源，叠加催化产业发展的新动能，不断丰富旅行服务领域的供给，无论是数量还是质量都在持续扩大中。

二、市场主体应承担共同而有区别的被监督责任

随着微信社群、抖音、快手、小红书、B站等平台的崛起，游客被“种草”到“拔草”的渠道和方式变得既多元又分散，类似兴趣小组、俱乐部、主题社

群，甚至意见领袖等个人或网红都可能成为旅游信息的传播者和团队出游的组织者，也就是事实上的旅行社组团业务。另外，根植于目的地的酒店、民宿、小型主题基地等在事实上发挥了地接服务功能，发达的线上传播渠道使招徕客户的环节可以自己完成，而不需要完全依赖于组团社送客。他们实际上展开的是旅行社业务，或者说是法律法规中界定的旅行社业务，但是却并不拥有旅行社资质，在实际的市场运营中成为旅行社看得见、感受得到，却不在同一竞争起点的对手。鉴于俱乐部、兴趣小组、文化教育类机构、网红达人等已事实上开展旅行社组团业务；根植于目的地的各类基地住宿机构也在事实上承担着地接服务，应使各类市场主体承担共同而有区别的被监管责任，否则会对具备资质的正规旅行社造成事实上的非正当竞争，增加旅行社产品研发及运营成本，降低市场竞争力。

事实上，即使不考虑这些新型旅行服务供应商，仅就传统线上旅行社和线上平台而言，两者所受的法律法规限制也存在差异。传统旅行社的管理主要依据《旅行社管理条例》及《旅行社管理条例实施细则》，但平台型旅行服务商的管理又并行受到《电子商务法》等法规的管制，两类企业的分公司子公司设立及财务制度管制也存在差异，拉大财务成本差距，是企业运营中实际面临的棘手问题。2020 年 9 月 30 日，文化和旅游部印发《在线旅游经营服务管理暂行规定》，将整治在线旅游平台不合理低价游、大数据"杀熟"等不良经营行为，自 2020 年 10 月 1 日起施行。鉴于平台已成为旅行服务供给侧的大型节点，连接着数以万计的中小旅行服务供应商，自然成为行政治理的重点对象与抓手，因此在商业职能之外，平台也承担了部分监管职能，形成了旅游行政主管部门监管平台、平台监管供应商的事实链条，其中如何平衡商业利益与公平的竞争环境建设是值得深思的问题。此次疫情大规模退订出现后，平台与供应商之间的博弈合作已能够看出两者间的协同监督联动等机制还有待进一步完善。

本着复杂市场先规范后发展，简单市场先发展后规范的原则，一方面应在行政治理体系上探讨并尝试更具实操的新型治理模式，完善法律法规建设。如建议尽快启动修订《旅行社管理条例》及《旅行社管理条例实施细则》。修订的原则：一是要管得宽，要把事实上开展旅行社业务的机构广泛纳入立法范围，保证公平竞争；二是要管得浅，对设立要求、递进资质获取、经营细节等尽可能放开，以释放企业活力。此外，关于质保金的现代金融替代方案、违反条例的惩罚原则与额度设计、信用机制的建立等都需要基于行业现状与未来趋势，重新通盘考量。

另一方面，头部企业应主动承担更多的责任，为行业发展创造良性发展环境，引领良性竞争秩序的形成。正如上一章所述，行业内部应建立协同机制，不是只应对疫情这类突发事件，而是使其成为常态化运行机制。这种机制的建立应是基于对旅游业业务的深入理解，基于新型技术在行业的深度应用和创新解决方案的提出，以此为抓手有望实现全行业的效率提升和合作共赢。

三、旅行服务不可取代，但需专业化创新

如果将旅行服务仅看作旅行社业务，并且认为团游业务会持续萎缩；或者认为进入散客化时代后，游客能够全部自助出行不再需要旅行服务，都是较为片面的看法。根据中国旅游研究院（文化和旅游部数据中心）自主调查，疫情期间 95% 的受调企业表示对旅行社业务的未来保有信心。近半数企业会考虑将旅行社业务与其他旅游类业务联动，尤其是上市公司和集团板块业务类公司，天然拥有协同优势；还有近 3 成企业表示会在保有旅行社业务的基础上，尝试跳出旅游业做跨界融合，都表明旅行服务商已意识到市场需求的变化，正在以积极主动的态度去调整供给，以更好地匹配需求。

1. 细分市场是旅游的未来

从需求端来看，虽然游客出行的方式和偏好一直都在变化，需要的旅行服务也在发生变化，但并不意味着不需要旅行服务了，而是对旅行服务的要求更高了。从供给侧来看，经历了机酒标品业务的线上化过程后，接下来将更多聚焦度假业务、定制业务、主题类产品等市场，在这些非标品市场上，预订环节往往需要经历游客与客服人员的多轮沟通协调才能完成下单过程。在旅行服务设计与实施过程中，个性化、碎片化的需求使得游客必须依靠目的地服务商的专业能力，尤其是遇到突发状况时的应急处置更需要专业的服务与保障。在碎片化的非标品市场上，人们对产品和服务品质提出了更高的要求，能不能服务好“人”，将是影响购买决策和出行体验的核心因素。

大众旅游时代的到来，恰恰伴随着大众市场被不断蚕食，细分市场快速崛起的过程。每个游客的画像都被贴上更细分的标签，每次出行的动机都可能更加具体化，这些个性、细分、专业化的市场需求都需要旅行服务商以更创新、更专业化的服务去满足。中国旅游集团在疫情中适时调整入境旅游业务方向，

转型国内游，与北京市东城区文旅局合作，推出“故宫以东，一见如故”等极具文化内涵、适宜深度体验的系列文旅活动，包括首批“故宫里的小怪兽”“天坛声学与建筑奇迹”“紫禁城里的智慧之光”“国风·匠心景泰蓝制作体验”四条路线，将入境部门一贯秉承的高品质服务引入国内游市场，提升了国内游服务水准，受到游客的广泛好评。

据全国老龄委调查，目前我国每年老年人旅游人数已占到全国旅游总人数的 20% 左右，且比重逐年上升。相较于年轻人，老人出游意愿强烈，“银发族”每年出游 1 次占比约 22.5%；每年出游 2 次占比约 35%；每年 3~4 次占比共 29%，有钱又有闲的“银发旅游族”市场潜力巨大。数据同时显示，高达 82% 的老年人会选择跟团游，这种省心省力的旅行方式，能够让老年人的旅行获得更多保障。凯撒旅游针对“银发族”市场出游需求，推出了“芳华无龄”系列，针对老年人旅游出行的特点与痛点，从老年人的关注点出发，玩法上涉及康养、户外、专列等多个主题，服务上设定了全国统一的八项标准，拥有节奏慢、行程少、无自费项目、全程不进购物店等优势，满足不同老年游客对旅游产品愈加倾向精品化、特色化、多元化的需求。

疫情期间在本地人游本地的趋势助力下，春秋旅行社继续加码先前推出的“微游”线路，面向上海市民游上海，将围绕 64 条永不扩宽的马路，推出“微游上海”系列产品，希望通过对建筑、历史、人物故事的讲解，引导市民游客感受上海，既展示了丰富的建筑历史文化资源，又整合推广了中心点辐射区域的文、商、旅资源。一条路一条线，每次 2~3 小时，收费 99 元 / 人，已经收客 4 万余人。在这样的线路产品上，企业持续投入内容研发，配置高品质导游，注重与游客的互动和服务界面的信息收集，根据游客反馈实现产品的快速升级与迭代。

2. 旅游业不再是没有门槛的行业

无论是原有旅行服务商针对细分市场推出的新型产品和服务，还是跨界而来的市场主体开发的新型产品，都明显区别于原有的大众化和标准化产品。疫后游客出游仍存安全顾虑，因此自驾游需求增长迅速，而市场上能为自驾游客户提供专业服务的服务商数量并不多，包括为自驾游市场做配套产品的市场也都还在培育中，这些不再是任何旅行社想进入即可进入的细分领域。疫后的小团化趋势，也给原来习惯操作大团的旅行服务商造成了挑战，在成本管控、服务升级、供应链管理等方面都需要时间去调整，也存在调整失败的可能。

当更多的主体跨界切入旅游业，旅游业也正无处不在地渗透进其他行业，并在这种融合的过程中改变着行业格局。跨界而来的玩家，往往在原领域里积累了成熟且更具同质化的客源，如徒步、滑雪、赛事、研学、建筑、律师等，这就需要旅行服务商以更专业而创新的产品和服务来满足需求，其本身就是一种竞争壁垒。比如，由此形成的各类机构不断蚕食传统旅行社市场，在细分市场中更为明显，由于其面对的是兴趣偏好更加同质化的群体，产品研发的专业性强而更具吸引力，且因其根源于社群互联网思维，无论在平台精准获客、客户运营、社群营销等方面都比传统旅行社更有经验，也更有优势。如果说传统的标准化打包产品的门槛并不高，那么这些广泛来自教育、体育、康养、冰雪、金融、文化艺术等各个领域的跨界主体的专业技能门槛却着实不低，使得一个又一个细分市场正在成为有进入壁垒的领域。

面对内外部的多种挑战，转型已成为疫后旅行社行业的共识，无论是从前端的获客方式与渠道建设、客户维护与管理，还是后端的产品研发、人力资源开发、内部运营，再到新型供应链的探索与建设，都无法再完全依靠经验和拍脑袋的决策，而是需要基础数据建设、深度挖掘、精准投放、精细管理、智能决策，甚至在长期视角考量下的智能设备对人力的代替，几乎每一个环节都离不开相关技术的支撑，更离不开资本的支撑，这些需求都有待于更专业的市场主体去满足，在这个过程中旅游业的技术含量将越来越高，在蜕变中不断升级。为加快这个进程，旅游行政主管部门应从顶层视角出发，定期展开行业普查，打破旅行社企业基础信息、电子合同、投诉信息、客源市场等数据分散分割现状，建立行业发展监测与评价体系，并做跟踪性数据采集与监测。通过课题申报、项目委托、专题研讨等方式广纳各方建议，鼓励产学研通力合作，共同开展针对行业顽疾问题的创新型研究并试点实践，如针对三角债问题的信用体系建设和供应链金融模式探索、针对数智化转型的数据库建设与智能管理、针对提高企业管理效能的学习型组织和合伙人模式等。

四、低价游需要引导，但不合理的低价游必须监管

要尊重真实的市场需求，大众旅游初级阶段特征仍在，国民人均年收入 3 万元，但有 6 亿人月收入 1000 元。食、住、行、游、购、娱的购是正常需求，需要合理释放，拉动消费不购怎么办？“羊毛出在猪身上，牛来买单”不只是

存在于旅游行业的商业模式，韩国乐天免税都是类似的商业模式，我们需要思考旅游购物环节的问题出在哪里。真正低价团的参团游客是哪类群体？他们参团的动机是什么？他们参团后投诉率高吗？主要投诉的问题是什么？

产业进步是以产品的工业化量产和市场下沉为前提的，不同层级、不同类别的产品开发要首先了解其所针对的细分市场的人群特征和消费偏好，既要尊重市场规律，又要防止市场风险。低价游的市场明显存在，且规模小，对任何行业而言，价格都是有效的竞争手段。但这并不意味着在低价市场上可以一味地放低产品和服务质量底线，如何提高低价产品市场的性价比，也是旅游业高质量发展的重要组成部分。同时，针对不合理低价游，应进一步加强监管，加强打击力度，广泛探索利用新型技术手段。只有加强监管，道德才不会为资本所绑架。

五、给游客一个组团的理由

正如散客化不代表去旅行服务化，传统团游的比例下降也并不意味着团游这种出游方式的过时。疫后的小包团、精致团、私家团、自驾团的快速增长都表明不是游客不需要团游，只是对团游的需求正在由粗放的传统团游向精细化的新型团游演变。在这样的趋势下，需要关注几个问题：

第一，是否传统团游完全没有市场了呢？答案显然是否定的。在任何一个产业中，标准化产品始终会存在，缘于标准化产品能够覆盖共性需求，就算再异质化的需求总有共性的部分，可以通过具有量产优势的标准化产品来满足，既是效率的提升，又是成本的节约。传统的大团游是旅游产品标准化生产的产物，这类产品的生产过程往往是批发商主导的，批发商采购大量上游的机票、酒店、景区、餐饮、购物等资源，并将其组合起来通过多级多地的零售商分销至终端市场，因资源较为固定，因此更多是供给侧导向的产品，无法过多根据需求而调整，因此个性化较差，但优势是大批量采购而降低了总体成本，也就降低了终端售价，因此价格竞争优势明显。在大众旅游初级阶段，我们既有高端人群的奢华需求，有中等收入群体的品质需求，也有诸多刚刚能够把旅游纳入家庭支出预算，甚至还有大量尚未体验过人山人海游的群体，这些群体进入旅游市场后，能够支付的往往是具有价格优势的旅游产品，这是传统以价取胜的团游产品的基础人群。这类人群的数量仍然非常庞大，因此，传统团游的市场仍然存在，且更具下沉性，通过何种渠道去接触并影响这些群体，是传统旅行社业务需要思考的问题。

第二，是否可以安心地守着这个存量市场吃老本呢？答案显然是否定的。尽管消费需求的分层变得日益复杂，但如果我们将时间尺度拉长，改革开放 40 多年来，旅游消费需求无疑处在持续的升级过程中，与此相对应的是旅游供给的持续升级，这是不可否认的趋势，在指向未来的时间尺度中我们同样还是处于这样的趋势中。这就意味着，所有的产品都处于升级中，无论是标准化的还是个性化的，这种升级并不完全意味着价格升级，很多类型的产品会出现价格下降与品质提升的同时出现。在整体升级过程中，旅行服务商如果还守着原有产品来面对变化的市场，只有被淘汰的结果。

另外一种迫使传统团游需要与时俱进升级的力量，是定制游市场的快速发展。定制旅行是指从消费者主权出发，依托旅行商专业化运营，在分众和分层基础上为旅游者提供品质服务的商业模式。相较于传统的从资源端和生产者角度出发，定制旅行最大的特点在于从消费端的需求出发量身定制、灵活调整。它既解决了传统跟团游行程固定、自由度低、强制性强、走马观花等普遍痛点，又能通过如影随形的隐性贴身服务，解除了完全自由行规划耗时、应急不足、安全保障缺失、语言文化交流等障碍，让自由行更加自由且有保障。定制旅行作为从需求出发，基于人工与数据相结合运营的商业模式，不仅能够实现定制产品的快速迭代，还能够同时反哺传统跟团游与自由行产品，引领旅游业的产业升级。需求导向的产品设计、基于游客评价的资源优筛机制、专属定制顾问的贴心服务，都会带来更高的游客满意度。基于定制游沉淀下来的固定线路产品，是真正经由市场检验而筛选出的优质产品，是对原有资源导向下跟团游产品的颠覆性升级，又可以依托团游的规模化生产和采购，来降低市场价格与准入门槛。这种压力会迫使传统团游运营商必须升级产品，否则也会慢慢被淘汰。

第三，游客需要团游这种形式吗？答案是肯定的。从严格意义上讲，除了一个人的旅行都可以称为团游，而不是只有几十个人以上的才叫团游，在这个意义上，旅游市场上大多是团游，毕竟单人旅游的情形仍是少数。“团”是旅游社交属性的最直观体现，无论是和家人还是朋友，都是团游的概念，社交与陪伴是旅游业在快速变化中保持不变的重要属性之一。了解了这一点，就能够明白没必要焦虑或探讨团游有没有未来，而是应该思考如何给游客一个组团的理由。